感谢中山大学学科建设经费对本书出版的资助

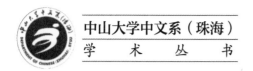

中山大学中文系（珠海）
学术丛书

中国語並置文における意味表示と機能範疇の役割

汉语关联复句的
语义表达式与
功能语的作用

张晨迪　著

上海三联书店

中山大学中文系（珠海）学术丛书　出版前言

简称为"中文系"的"中国语言文学系"的称谓与实质到了新的世纪，尤其是 21 世纪以来似乎也有了新的指涉，如果我们不能及时更新中文系的更宏阔边界与崭新内涵认知，似乎也就变成了冬烘。这里的"中国"显然已经不是单纯的政治、地理限囿，更该是文化涵容；而语言显然也不是单纯靠纯粹性作为唯一的指标，正如中国性（Chineseness）的载体与呈现不单纯是中文一样，我们既关注普通话、方言，同时也关涉可能的混杂及其历史语境中的文化演绎；而"文学"的边界也在日益拓展，从传统的文体研读到经典的流行歌词介入，从对文字书写的文本细读到图文并茂的视觉转向，其间的变异令人耳目一新也呼唤新的解读与研究。

创建于 2015 年 10 月的中文系（珠海）学术丛书的现实依据是因应中山大学建设世界一流大学的战略目标，珠海市提升其城市"软实力"、参与"一带一路"倡议实施的需要；而从学理上看，"中文系"的当代包含日益扩大，也日新月异，因此一个国际化、现代化、特色化、跨学科的中文系也势在必行：我们既要建设一个传统意义上完整丰厚的中文系，同时又要特色鲜明引领可能

的新传统。

我们朝气蓬勃却又秉承丰厚传统，我们锐意创新却也兼容并蓄，我们"迈步从头越"却也互补融合、错位承接。我们努力打造中山大学珠海校区的人文旗舰系，假以时日必然特色明显、教研俱佳，我们持之以恒开拓奋斗，期冀无愧于中山大学的光荣历史，也助益学校的辉煌未来！

不必多说，我们必须从方方面面建设好我们的新平台，而学术发展与学科建设自然是题中应有之义，中文系（珠海）学术丛书就是基于此目的应运而生，我们期冀经由此道，一方面可以助益我们（年轻）同事的学术成长，另一方面也可以向社会汇报我们的逐步壮大和感恩各种各样的关爱。

朱崇科

2018 年盛夏

他序

　『中国語並置文における意味表示と機能範疇の役割』は、中国語の３つの構文について、その統語的特徴と意味解釈の特徴を分析し、生成文法（統語意味論）の観点から説明するものである。生成文法では、構造が構築されることによって、音（語順）とそれに対応する意味解釈の基盤が決定されると考えられている。これは、文法の知識というものは、基本的に、語彙の知識とその組み合わせ方の知識から成っているという考え方であり、統語意味論もこの点で生成文法の１つであるが、統語意味論では、とりわけ語彙特性・統語操作・意味解釈の関係を明示的にすることを重要視している。統語意味論はまだ誕生して間もない方法論のため、分析の基本的方針と日本語の基本的な構文の分析しか定まっていないが、本書は、その枠組みを大きく拡張し、初めて本格的に中国語に適用した。

　本書で注目された構文は、いずれも、２つの節を何の接続詞も用いずに並置した構文（以下、並置文）である。並置文は、表面的には、独立した文

が 2 つ連続しているだけの場合と区別がつかないが、本論文で記述されているように、詳しく観察すると、先行節と後続節の間にさまざまな制限がある。本書では、このような制限を統一的に説明するために、統語的には、2 つの節を構造的につなぐ（音のない）機能範疇があると主張する。

　音を持たない機能範疇を想定することは生成文法では比較的よく行われる方策であるが、本書では、その機能範疇がどのような働きを持っているか具体的に仮説を提示し、どのように文全体の意味解釈が派生するかを明らかにしている点が特徴的である。従来の生成文法の研究では、ともすれば、特定の解釈だけが取り上げられてきたが、あらためて、きめ細かく観察していくと、同じ構文と言われているものでも、意味解釈には何種類もの可能性があることがよくある。それぞれの解釈ごとに機能範疇を対応させるとすると、1 つの構文に何種類もの機能範疇を関わらせることにもなりかねない。本書では、そのため、文の意味というものを、(i) 構造構築 によって決定される部分と、(ii) それに基づいて推論によって補完する部分とに分けてとらえるというアプローチを意識的に採用し、推論によって補完可能な部分を最大限に利用することによって、仮定しなければならない機能範疇の種類を最小限に押さえることに成功した。ここで用いられているアプローチは、他の構文や他の言語にも広く応用可能なものであり、本書は、様々な点で新しい提案を含む精緻な理論を構築している。

上山あゆみ

2019 年 3 月 5 日

序

生成语法的研究认为，句子的结构决定句子的语序以及与该语序对应的句子的意义。这种语法观认为，语法的知识基本上是由词项（简单地说即为单词）的知识以及词项间的组合方法的知识构成，本书赞同这种语法观点。

不过，在实际的研究中仔细观察句子的意思会发现，句子的意思并不完全是表面上出现的单词的意义的集合。比如，现代汉语的并列句就是其中一个典型的例子。在现代汉语中，两个分句不依赖任何的连接词而只是一前一后地并列的句子被频繁地使用，即便没有连接词，前句和后句的意思也是十分紧密的，如果只将前半句或后半句当作独立的句子使用的话，句子则不能成立。因此，要分析这种现象，在句法上假设一种能连接前后句、但没有语音实现的功能范畴的分析就显得十分必要。

但这样的分析面临一个问题，就是如何考虑这类功能范畴对句子最终的整体意义的影响。在以往的生成语法研究中，经常针对某类句子截取其 2 个或多个语义解释当中的 1 个来进行分析讨论，因此这个问题没有被质疑。但是，如

果细致考察就可以发现，即使是被称为同一句型的句子也有几种不同的语义解读。如果针对每种语义解读都假设一个功能范畴与之对应，那就会造成同一类句子对应于几种不同的功能范畴的情况，即产生所谓的"语言理论与语言描写之间的紧张关系"的问题。·

为了解决这一问题，本书认为将句子的意思分为两大部分来分别考虑的方法切实可行，即 (i) 由句子的结构决定句子的意思，(ii) 在结构决定的意思的基础上，人们在实际语言交际中通过其世界知识或推论的方法来补充理解的句子的意思。本书通过这样的方法，一方面说明了句法上功能范畴决定的并列句前后句的意思，另一方面也利用推论将可以解释的句子剔除，成功地将必须提出假设的功能范畴的种类控制在了最小限度。

在第二章，本书主要考察了汉语的倚变句。在倚变句中，伴随着前句中某个要素的程度增加，后一分句的某个要素的程度也相应增加，这些要素由"越"字引导，构成"苹果越甜，越好吃"类的句子。这一章在细致考察、展示该句型以往未被注意与重视的多种语言现象的基础上，为倚变句提供一个统一的句法语义分析。在该分析中假设的功能范畴在前一分句和后一分句中凸显出"越"字，然后针对二者进行语义计算。

第三章主要针对前后分句中都出现疑问代词，特别是第二个疑问代词可以像代词一样回指第一个疑问代词的句子（称为疑问代词连锁句）进行了考察与分析。以往的研究多认为疑问代词连锁句作全称量化解读，并在此基础上提出了全称量化算子的分析。本书展示大量的疑问代词连锁句的实际用例，指出该类句子也可以作存在量化解读，甚至同一种句子在不同语境下既可以作全称量化解读也可以作存在量化解读。基于这些观察，本书指出，疑问代词连锁句具体作何解读不依赖句法决定。在这类句子中，功能范畴连接前后句的疑问代词，

构成 [A=B] 的语义表达式，因此疑问代词连锁句的前后疑问代词具有了相同的指示对象，但整个句子具体作全称量化解读还是存在量化解读是推论发生作用的结果。

在第四章中，本书探讨前后分句中都包含数量短语的句式，而后一分句中的数量短语拥有像代名词那样的语义解释的结构。如果只观察一部分的例句，这个结构和第三章的疑问代词连锁句看起来十分相像，但是对更多例句进行细致观察后会发现，二者在句法限制与要求等很多方面不同。本书指出，这个结构中的功能范畴要求前句和后句有"关联性"，在前后句有"关联性"的前提下，可构成"张三唱歌，李四跳舞"这样的并列句，而当动词或动词宾语满足一定条件时，为确立前一分句和后一分句语义上的关系，人们的世界知识和推论能力就会发生作用，结果导致该结构中的一些句子，表面上有了全称量化解读一般的语义解释，后一分句的数量短语表面上也可以像代名词一样进行解读。

最后，第五章总结了本书提出的三大功能范畴的作用与相关语句的意义，并对它们的共同点和不同点进行了分析探讨。

人们在利用语言进行交际的时候，对语言（句子）的理解通常来自语言（句子）本身表达的语义，外加利用推论以及世界知识来进行补充理解的语言外的意义。这也就是说，没有必要把人们理解的某一句子的全部意义都当作是由句法结构决定的。本书将人们可通过推论或世界知识来理解的句子的意义最大限度地排除出去，限定了由句法结构决定的句子的意义，从而做到了简洁明了的句法分析。这表现在全书避免了对拥有不同语义解读的同一句子提出几个不同功能范畴的假设，而是利用一个功能范畴即可分析该结构的句法本质，同时，这样的功能范畴在句子的理解上发挥的作用也显示了汉语语言机制的一大特征。

まえがき

　生成文法では、構造が構築されることによって、音（語順）とそれに対応する意味とが決定されると考えられている。これは、文法の知識というものは、基本的に、語彙の知識とその組み合わせ方の知識から成っているという考え方であり、著者もその考え方に賛同している。

　ただし、実際に文の意味を観察すると、必ずしも、表面にあらわれている語の意味を集めたものが文の意味になっているわけではない。たとえば、その典型例が並置文である。中国語では、2つの節を何の接続詞も用いずに単に並置した構文が頻繁に用いられるが、接続詞がなくとも、この前件と後件の意味の関係は密接であり、片方だけでは文として成り立たない。したがって、2つの節を構造的につなぐ、（音のない）機能範疇を想定した分析が望ましい。

　問題は、その機能範疇が文全体の意味解釈に対して、どのような働きを持っていると考えるべきかということである。従来の生成文法の研究では、

ともすれば、1つの解釈だけを取り上げて論じているため、この点は特に問題視されてこなかった。しかし、あらためて、きめ細かく観察していくと、同じ構文と言われているものでも、意味解釈には何種類もの可能性があることがよくある。それぞれの解釈ごとに機能範疇を対応させるとすると、1つの構文に何種類もの機能範疇を関わらせることにもなりかねない。まさに、理論と記述の緊張関係の問題がここで生じる。

　この問題を解決するためには、文の意味というものを、(i) 構造構築によって決定される部分と、(ii) それに基づいて推論によって補完する部分とに分けてとらえるというアプローチが有用である。本博士論文では、機能範疇の存在によって並置文の前件と後件の意味の関係を明らかにしつつ、推論によって補完可能な部分は最大限に利用することによって、仮定しなければならない機能範疇の種類を最小限に押さえることに成功した。

　第2章では、中国語の比較相関構文について考察した。これは、前件におけるある要素の度合いが増すにつれて、後件における要素の度合いも増すことを示す構文である。英語の「the more...the more...」構文の more に相当する要素「越（yue）」が前件と後件に1つずつあらわれ、「リンゴがより甘くなる、よりおいしくなる」というような文を構成することで比較相関の解釈を表す。本章では、この構文に関して、従来知られていなかった、さまざまな観察を提示した上で、それらを説明する統語分析を述べた。ここで用いられている機能範疇は、前件と後件それぞれで、越（yue）が係る要素を取り立て、その意味計算を行うものである。

　第3章では、前件と後件にそれぞれ（「誰」「何」などの）wh 語が生起し、後件の wh 語がまるで代名詞のような解釈を持つとされる構文（WH 連動読

み構文）について考察した。従来の研究では、WH 連動読み構文が全称量化
（universal quantification）的な解釈を持つという観察に基づいて、全称量化
子の働きを持つ機能範疇を仮定することが多かった。これに対して本書では、
WH 連動読み構文のさまざまな実例を観察し、この構文には存在量化的な解
釈の場合もあり、さらに、そのどちらの解釈になるかは、必ずしも統語的に
決定できないということを指摘した。そこで、本書では、WH 連動読み構文
における機能範疇は、「A=B」（A は前件の wh 語が指すもの、B は後件の
wh 語が指すもの）という意味表示を作る働きを持つものであり、それに伴
って全称量化が起こるか存在量化が起こるかは、推論操作の結果で決まると
いう分析を提案した。

　第 4 章では、前件と後件にそれぞれ「数量表現」が含まれ、後件の「数
量表現」がまるで代名詞のような解釈を持つように見える構文について考察
した。特定の例文だけを見れば、これは、第 3 章の WH 連動読み構文と似
て見えるが、さまざまな例文を観察した結果、この構文と WH 連動読み構
文は、多くの点で異なっており、この構文で用いられている機能範疇は、単
に前件と後件の「関連性」を要求するだけのものであることを主張した。前
件と後件が関連づけられれば十分であるため、「張三が舞い、李四が歌う」
のような対句にもなる一方、動詞や目的語の形式が一定の条件を満たした場
合には、前件と後件の関係を打ち立てるために、さらなる工夫が必要になる
場合もあり、その結果、全称量化が引き起こされたり、「数量表現」が代名
詞的な解釈をされたりすることがあるだけなのである。

　第 5 章では、本書の提案をまとめ、提案してきた 3 種類の機能範疇につ
いて、考察を述べた。

人間は、言語からものを理解する際に、言語によって表されている情報に加え、推論や世界知識を援用して情報を補っている。つまり、人間が理解する意味全体が構造構築によって決定されなければならないと考える必要はないのである。本書では、推論によって理解可能な部分を最大限に切り離すことによって、構造構築によって決定される意味の部分を限定し、統語分析がなるべく簡明になるようにした。結果的に、1つの構文につき複数の機能範疇を仮定することを避けることができ、その機能範疇によって、それぞれの構文の本質をとらえることができた。このような機能範疇の活躍は、中国語という言語のシステムの特徴を反映するものである。

目次

略語表

Asp	Aspect marker
Aux	Auxiliary verb
CL	Classifier
FP	Sentence Final Particle
Cop	Copular
Neg	Negative marker
Q	Question marker

1 序論

1.1 統語論の位置づけ

　言語というものは、どのような観点から見るかによって、捉え方がさまざまである。生成文法という分野では、言語は経験から学ぶ、また個々の構文として存在するものではなく、人間の脳に生まれつき言語を生成するシステムが備わっていると考えられている。このシステムでは、人間が習得した「部品（言語の要素）」を、さまざまに組み合わせることによって、新しい文を無限に作りだすことができるとされている。このような、「部品の組み合わせ方」が言語の仕組みの根幹であると考えられている。具体的には、次の (1) の文法モデルが提案された。

(1)　文法モデル

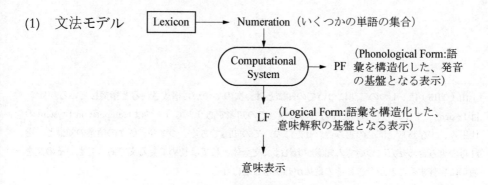

(1)のモデルでは、頭の中に「部品」が蓄えられているLexicon（脳内辞書）と「組みあわせ」の操作を行う計算システム（Computational System）があるとされている。Lexiconから、いくつかの単語が選ばれ、Numerationを形成する。NumerationがComputational Systemの入力となり、そこで「部品の組み合わせ」の操作が行われる。その結果、発音の基盤となるPhonological Form（PF）と、意味解釈の基盤となるLogical Form（LF）が出力される。PFは、音韻的に解釈され、実際の音と結びついていく（PFと実際の音との対応の仕方を司るのは「音韻論」である）。LFは、意味的に解釈され、実際の意味と結びついていく（LFと実際の意味との対応の仕方を司るのは「意味論」である）。①

　(1)の過程において、Computational Systemにおける「組み合わせ」という操作が、中核を成している。これは、単語と単語の組み合わせ方が決まると、必然的に「音」も「意味」も決まってくるからである。Numerationから同じ部品が入力されても、単語と単語の組み合わせ方が異なっていれば、得られる語順も意味も変わる。たとえば、「白い」「ギターの」「箱」という3つの部品が入力され、それらを組み合わせて1つのものを作る場合、(2a)、(2b)、(2c)のような組み合わせ方ができ、それぞれ異なる「音」と「意味」が出力される（(2)の樹形図では、太線は主要部を表す）。

---

① 上山（2015）は、1つの言語についての知識とは、次の2つから構成されると指摘している。1つはLexicon、すなわち、部品となるものについての知識であり、もう1つはComputational Systemの仕組み、すなわち、部品の組み合わせ方についての知識である。つまり、個々の語彙の知識と、それらの組み合わせ方についての知識があれば、文全体としては初めて見る文であっても、その文を適切に発音することができ、その意味がわかることになる。

(2)　a. 　　　　　b.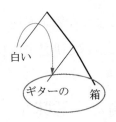

音：「白いギターの箱」　　　　　音：「白いギターの箱」

意味：「箱」が白い　　　　　　　意味：「ギター」が白い

c.

音：「ギターの白い箱」

意味：「箱」が白い

　また、次のように、許されない組み合わせ方をすると、「音」はできるとしても、「意味」が通じないものになってしまう。

(3)

　このように、どの要素とどの要素を、どのように組み合わせるかによって解釈が異なる。また、許されない組み合わせ方をした場合、その結果物の解釈はできない。このように、生成文法では、統語論が音韻論や意味論のベースになっていると考えられている。本書は、このような生成文法の言語観

に基づき、どのような統語操作（組み合わせ方）によって、どのような意味が生じるのかについて研究するものである。

1.2　統語論と「意味」

　　統語論が音韻論や意味論のベースになっていることを述べた。しかし、統語操作を研究対象とする統語論は抽象的なものであり、どこから迫っていくべきか、難しいところがある。それに対して、「音（語順）」と「意味」は、実際に観察できるものである。そのため、統語論の研究は、語順と「意味」を手掛かりにすることが多い。

　　しかし、語順に比べ、「意味」というものはかなり複雑である。「言語によって表される意味」は、人間が理解する「意味」全体とは限らない。人間は、言語で表現されていないことまで理解することができる。また、同じ言語であっても、人によって理解する「意味」も異なる。そのため、統語論の研究を行うために、まず統語論と「意味」が、具体的にどのように対応しているかをはっきりさせておく必要がある。

　　これまでの生成文法では、LF 表示において、「意味」がどの程度表されるべきかについては、ほとんど論じられたことがない。上山（2015）は、「意味」には (4) のような 3 つの側面があると明示した。

(4)　「意味」の 3 つの source
　　a.　各語彙項目について Lexicon で指定されている「意味」
　　b.　a. を材料として、組み合わせることによって加えられた / 変更された「意味」
　　c.　b. と自分の持つ「情報」を統合して得られる「意味」

　つまり、(4b) が統語論によって決定される「意味」であり、(4c) には統語論が関わっていないということである。統語論の研究を行う上では、(4b) と (4c) を区別する必要があるとしている。このような「意味」の対応関係を反映したモデルが、次の (5) である。

(5)
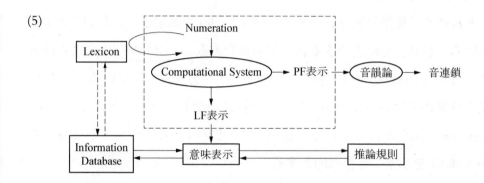

[cf. 上山 2015: 8, (2)]

　　(5) では、意味表示は、Lexicon、LF 表示、また Information Database や推論規則といったものすべてと関わる形式になっている。このように、(4b) と (4c) を区別してはじめて、統語構造によって決定される「意味」がどれなのかが明らかになる。

　　Computational System において、どのような統語操作があるのかを明らかにするには、(4b) と (4c) を区別した上で、さらに語と語が組み合わさった後の「意味」（(4b)）は、語の「意味」（(4a)）にどのような影響が加わったものかということを考察しなければならない。この両者を見比べることによって、どのような統語操作が行われたのかを推察できる。そのため、語の「意味」、また語と語が組み合わさった後の「意味」は、はっきりと捉えうる形式であることが求められる。そうなっていれば、観察が広がるにつれて、

Computational System における統語操作の実態が次第に浮き彫りになっていくのである。

　しかし、これまでの生成文法では、樹形図そのものが「意味」を表すかのように想定されていた。樹形図そのものは、文の派生（derivation）を表すものであるから、語と語が組み合わさった後の「意味」（(4b)）は、語の「意味」（(4a)）にどのような影響が出たか、1つ1つ明示的に捉えられていない。

　それゆえ、統語研究を行う際に、(4b)と(4c)を区別し、また(4a)と(4b)における「意味」を記述できる表示が必要である。上山（2015）による統語意味論は、統語論の研究に必要な意味の表示の仕方を提示している。本書は、統語意味論のアプローチを用いて、統語構造が構築されることにより、(4a)のLexiconで語彙が持っている「意味」に、どのような「意味」が足されるのか（(4b)）を示すことを目的とする。

1.3　本書のアプローチ

　本節では、統語意味論の仕組みと具体的な表示方法について紹介しておく。

1.3.1　Lexicon と Numeration

　上で述べたように、統語意味論では、Computational System での操作をきちんと捉えるために、Lexicon に登録されている語彙項目（lexical item）がそれぞれどのようなものであるかを明示している。

　生成文法では、語彙項目に対して、(6)のように統語素性・意味素性・音韻素性の束（bundle of features）であるとされているが、何らかの記号を用い、具体的に表示することはない。

(6) 語彙項目

　　[統語素性、意味素性、音韻素性]

　　統語意味論では、(6) に基づき、Lexicon における語彙項目の一般形を (7) のように表示している。

(7) Lexicon における語彙項目の一般形

　　[{ 範疇素性 , 統語素性 , ...}, <id−slot, {property, ...}>, 音韻形式]

[上山 2015: 16, (14)]

　　(7) では、最初の { } 内の部分が統語素性に該当するが、範疇素性も用意されている。範疇素性は、いわゆる品詞の区別を表すものであり、たとえば、名詞に対して「N」、動詞に対して「V」と表記する。統語素性は、当該語彙項目にどのような統語規則が、どのように適用されるかを規定するものである。これらの他に、構造構築に関わる素性もこの統語素性の中に含まれうる。

　　次に、<id−slot, {property, ...}> の部分が意味素性に該当する。意味素性は、id と property の集合からなっている。id−slot は、id が置かれる位置のことである。id とは、identity の略語であり、いわば当該語彙項目の「ID 番号（個体識別番号）」である。語彙項目と語彙項目が組み合わさることで意味が合成され、変化が生じる。この意味の変化を捉えるときに、どの語彙項目についての変化であるかを、id で表示するのである。また、property というのは、項目名（attribute）と値（value）の対であるとしている。たとえば、「马丽（メアリ）」という語彙項目は、<Name, 马丽 > という property を持つと考えられ、「书（本）」という種類を表すものは、<Kind, 书 > という property を持ってよいとされている。[①]

[①] 　上山（2015）は、日本語についての意味の表記方法を提示しているが、本書は、中国語を対象言語

(8)　意味素性

    a.　<id, {<Name, 马丽 >}>

    b.　<id, {<Kind, 书 >}>

　　(8)で、NameやKindはそれぞれそのpropertyのattributeであり、「马丽（メアリ）」と「书（本）」は、それぞれそのpropertyのvalueである。

　　また上山（2015）では、音韻素性については音韻形式がわかれば十分であるとされ、その言語で一般的に使われている表記を用いて表すことにしている。そうすると、たとえば、「马丽（メアリ）」と「书（本）」は、Lexiconにおいて、それぞれ次の形式を持つことになる。

(9)　a.　[{N}, <id, {<Name, 马丽 >}>, 马丽]

    b.　[{N}, <id, {<Kind, 书 >}>, 书]

　　Lexiconにおける語彙項目の形式に対して、Numerationの形式は、次のように定義されている。

(10)　Numerationにおける語彙項目の一般形

　　<xn, [{ 範疇素性 , 統語素性 , ...}, <id−slot, {property, ...}>, 音韻形式]>①

[上山 2015: 17, (19)]

　　つまり、語彙項目がLexiconからNumerationに入力される際に、指標番号が付与されるということである。(9)では、「马丽（メアリ）」と「书（本）」の意味素性のid−slotは、そのままidが表記されていたが、これらの語彙項

としており、2章、3章、4章の本論で統語意味論の表記方法を用いて、中国語で表示している。一貫するために、ここでも中国語での表示にしておく。以下、同様である。

① 指標番号の先頭に付く小文字のxは、Information Databaseにおいて、object（存在物）の指標番号の先頭に付される大文字のXに対応している。これは、1.3.5で述べるように、統語意味論では、言語の意味と、Information Databaseにおける知識の対応関係を捉えようとしているためである。

目が Numeration に入って指標番号が付与されると、id がその語彙項目の指標番号に置き換わる。①

(11)　a.　<x1, [{N}, <x1, {<Name, 马丽 >}>, 马丽]>

　　　b.　<x3, [{N}, <x3, {<Kind, 书 >}>, 书]>

　(11) では、「马丽（メアリ）」と「书（本）」には、それぞれ x1 と x3 が仮に付与されている。

　1 つの言語には、(11) のような表現以外に、他の種類の表現もある。たとえば、「可爱（かわいい）」という表現は、「马丽（メアリ）」のように、何らかのモノを指すのではなく、他のモノの property を表す。統語意味論では、このような表現に対して、Lexicon で次のように指定している。

(12)　[{V}, < ● , { < 可爱 , ＿ >}>, 可爱]②

　id-slot にある「 ● 」は、他の表現と意味の合成をするために用意されるものである。これの具体的な役割については、Computational System と関連しているため、その説明の際に詳しく言及する。また、意味素性として持つ < 可爱 , ＿ > という property は、「かわいさ（可爱）」というスケール（scale）に対して、その程度がどのくらい（たとえば、少し、そこそこ、とてもなど）であるかを表している。現在、それはどのくらいなのか、未指定（underspecified）である。以下、attribute や value が未指定の場合、「＿」という記号で表す。

---

① これについて、上山（2015）は、次のように仮定している。

(i)　その語彙項目の id-slot が「id」の場合、Lexicon から Numeration にもたらす際に、その語彙項目が
　　対になっている指標で置き換える。　　　　　　　　　　　　　　　　　[上山 2015: 15, (12)]

② 中国語の形容詞を動詞と区別すべき有力な根拠がない。そのため、本書では、形容詞は、動詞と同
　　じ範疇「V」を持つとする。

また、このような表現は、Numeration に入っても、id–slot はそのまま変わらない。

(13)　<x3, [{V}, <　●　, { < 可爱 , ＿ >}>, 可爱]>

　　統語意味論では、このように、語彙項目の種類を区別し、それらが Lexicon と Numeration における意味を明示的に表記している。

1.3.2　Computational System の仕組み

　　Computational System は、Numeration から入力される要素を構築していくシステムである。ところが、どのような構築物であっても認められるわけではない。構築物は適格（well–formed）なものと不適格（ill–formed）なものに区別される。どのような構築物が適格で、どのような構築物が不適格かは、前節で言及した解釈不可能素性と大きく関わっている。

(14)　a.　Numeration に含まれる要素には、解釈不可能素性（uninterpretable feature）が含まれうる。[①]

　　　　b.　それぞれの解釈不可能素性は、どのような操作を受け、どのような条件のもとで削除されるかが定められている。

　　　　c.　それ以上 Computational System の操作が適用できなくなった段階

---

① 解釈不可能素性とは、Minimalist Program（Chomsky 1995）において導入された概念であり、Computational System における操作は解釈不可能素性を取り除くことを目的として働くものであると定義されている。統語意味論においても、この点は同様であるが、次のような相違点がある。

(i)　Minimalist Program：

　　a.　解釈不可能素性の削除が movement のモチベーションである。Merge は解釈不可能素性の削除には関与しない。

　　b.　解釈不可能素性は、すべて統語素性である。

(ii)　統語意味論：

　　a.　解釈不可能素性は、（movement だけでなく）Merge によっても削除される。

　　b.　解釈不可能素性は、統語素性の場合もあれば、意味素性の中に含まれる場合もある。

で、解釈不可能素性を含んでいない表示は適格であり、解釈不可能素性が残っている表示は不適格とする。

[上山 2015: 13, (6)]

　Numeration において、解釈不可能素性が含まれうる要素として、たとえば付属語が挙げられる。付属語は基本的に単独で自立できず、他の語と組み合わさってはじめてその役割を果たせるものである。上山（2015）は、「Computational System とは、Numeration に含まれる解釈不可能素性を消していくための操作を行う部門であり、どの語彙項目に対してどのような順番で操作を適用するかは、解釈不可能素性をすべて消すという問題を解決するタスクとしてとらえられることになる」と述べている（本書では、解釈不可能素性は、枠線で囲んで表示する）。

　ある構文に対して、それについての分析ができたと言えるには、次の2点をすべて満たし、文法を構築しなければならない。

(15)　a.　文法的（grammatical）な文については、Computational System における操作が終了する段階で、それに対応する意味で、解釈不可能素性がすべて削除されていなければならない。

　　　b.　非文法的（ungrammatical）な文については、Computational System における操作が終了する段階で、解釈不可能素性が残っていなければならない。

　このように、Lexicon でどのような素性を設定しておくかが重要である。その際、同じ語彙項目に対して、構文 A の場合にある素性と、構文 B の場合にある素性を別個に立てるのではなく、なるべく1つの語彙項目に対して、Lexicon における形式を1つに保つように設定したい。①

---

①　当然、同音意義語については、Lexicon において複数の形式を持つことが可能である。

1.3.3 Computational System における操作

Computational System における操作のうち、最も基本的なものが Merge（併合）という操作である。Merge は、2つの要素をとり、どちらかを主要部（head）として、1つの要素にまとめる操作である。たとえば、(16) では、語彙項目 xn と語彙項目 xm がある場合、その2つが Merge し、xm が主要部になる構築物が作られる。[①]

(16)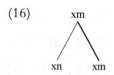

xn、xm のような1語に対して、それらが Merge して出来上がった結果物は、句（phrase）になる。上山（2015）では、Numeration における語彙項目の形式は、(10) としていた。それに対して、句は、(17) のように表記されている。

(10) Numeration における語彙項目の一般形

<xn, [{ 範疇素性 , 統語素性 , ...}, <id-slot, {property, ...}>, 音韻形式]>

[上山 2015: 17, (19)]

(17) 句の一般形

<xn, [{ 範疇素性 , 統語素性 , ...}, <id-slot, {property, ...}>, 構成要素のリスト]>

[上山 2015: 17, (20)]

---

① 本書では、上山（2015）にならい、主要部は太線で表すことにする。

(10) と (17) は、統語素性と意味素性の部分は同じ形式になっているが、音韻素性に該当する部分が異なっている。語彙項目の場合は「音韻形式」になっており、句の場合は「構成要素のリスト」になっている。上山（2015）はこれらをまとめて body と呼んでいる。

Merge という操作は、Numeration の要素だけではなく、上述のように Merge を適用してできた構築物に再び適用することが可能である。そのため、入力の初期値である Numeration と区別して、Merge が適用可能な対象の集合を Merge base と呼んでいる。上山（2015）は、Merge という操作を、(18) のように定義している。

(18)　Merge
1.　Merge base から 2 つの要素 xn, xm をとりだす。
　　　<xn, [{ 範疇素性 1, 統語素性 1}, 意味素性 1, body1]>
　　　<xm, [{ 範疇素性 2, 統語素性 2}, 意味素性 2, body2]>

2.　次のような構築物を作り、それを Merge base に入れる。

　　　<xm, [{ 範疇素性 2, 統語素性 2}, 意味素性 2, <
　　　　　<xn, [{ 範疇素性 1, 統語素性 1}, 意味素性 1, body1]>
　　　　　<xm, [{ 範疇素性 2}, ϕ, body2]>
　　　>]>

[上山 2015: 17, (20)]

このように Merge が行われると、主要部となる要素の指標と統語素性・意味素性が、構築物全体の指標と統語素性・意味素性になる（樹形図下の 1 行目）。これを「素性が継承される」と言う。素性が継承された後、構築物の中に含まれる元の位置の統語素性・意味素性（樹形図下の 3 行目）は削除される。①

　例として、次の (19a) の「可爱（かわいい）」と (19b) の「马丽（メアリ）」が Merge する場合、どのようになるかを考えていく。

(19)　a.　<x3, [{V}, <■, { <可爱 , _>}>, 可爱]>
　　　b.　<x4, [{N}, <x4, {<Name, 马丽 >}>, 马丽]

　ここで、まず、x3 の id-slot にある「●」の役割について述べておく。●は、解釈不可能素性（枠線で囲んで表示）であり、Computational System において計算が終了したら、取り除かれる必要がある。もし取り除かれていなければ、不適格な表示になってしまう。このような形式によって、「可爱（かわいい）」という表現は、他の要素の property を表す役割を果さなければならないことと対応させている。統語意味論では、ほかにも何種類かの解釈不可能素性があり、それぞれ異なる役割を果たしている。●については、以下の規定により、削除できる。

(20)　解釈不可能素性●の削除規定
　　相手 β が主要部として Merge した場合、β の指標で置き換えられる。
[上山 2015: 227]

　●の役割を確認した上で、次は、(19a) と (19b) が、どのように Merge

---

① 元の位置の統語素性・意味素性が削除されるのは、単に表記上見やすくするためであり、理論的な理由はないとされている。

するかを見ていく。(21) に示すように、Merge base から x3 と x4 が選ばれて Merge すると、「?Merge」の下に示す構築物が作られる。

(21)　　Merge base = {(21a), (21b), …}

    a.　<x3, [{V}, < ● , { < 可爱 , ＿ >}>, 可爱]>

    b.　<x4, [{N}, <x4, {<Name, 马丽 >}>, 马丽]

⇒ Merge

    <x4, [{N}, <x4, {<Name, 马丽 >}>,<

        <x3, [{V}, < x4 , { < 可爱 , ＿ >}>, 可爱]>

        <x4, [{N}, φ , 马丽]>

    >]>

```
        x4
       / \
     x3   x4
    可爱   马丽
```

　　上では、x4 が主要部となり、x3 が持つ●は、主要部となる x4 と Merge することによって、x4 の指標番号に置き換わっている。以下、Merge によって変わった箇所を、網掛けを用いて表示することにする。[①]

　　(21) で得られた構築物は、さらに他の要素と Merge していくことが可能である。このように、Computational System においては、基本的に Merge という操作により構造が構築されていく。

1.3.4　意味の表示

　　統語意味論では、Computational System ですべての要素が Merge し、最終的に Merge が適用できなくなる段階で、当該派生が適格である場合、構築物から意味素性を取り出すことができる。たとえば、(21) の構築物から意味素性を取り出すと、(22) のようになる。統語意味論では、LF 表示から意味

---

① 中国語では、形容詞が名詞を修飾する際に、形容詞と名詞の間に的 (de) という要素が必須である。しかし、的 (de) の語彙特性については、まだ十分に考察できていないため、ここで「可爱 (かわいい)」と「马丽 (メアリ)」が Merge する際に、仮に「的」を除外して議論を進めている。

素性だけを取り出したものを「LF 意味素性」と呼んでいる。

(22)　LF 意味素性

　　　<x4, {<Name, 马丽 >}>

　　　<x4, { < 可爱 , ＿ >}>

　　LF 意味素性から、id−slot が同一のものをまとめることによって、意味表示が導かれる。

(23)　　意味表示

　　　{<x4,{<Name, 马丽 >, < 可爱 , ＿ >}> }

　　これで、名前が马丽（メアリ）というものがあって、それがかわいいという意味を表すことになる。

　　統語意味論では、(23) のような、言語によって表される意味は、「世界知識」が蓄えられている Information Database と相互参照できる形式になっている。

　　まず、上山（2015）では、Information Database における「世界知識」が、次のように表記できると考えられている。

(24)　a.　Information Database は、（認知的な意味で）object（存在物）の集合である。

　　　b.　object とは、指標と property（特性）の集合との対である。指標は、単なる数字と区別するために、便宜的に大文字の X を先頭に置くことにする。

　　　　　<X245, {property1, property2, ...}>

　　　c.　property とは、attribute（項目名）と value（値）との対であるとする。

<X245, {<attribute1, value1>, <attribute2, value2>, ... }>

[cf. 上山 2015: 9, (3)]

　たとえば、話者 A の Information Database に、(25a) のようなモノ、また (25b, c, d) のようなデキゴトが登録されていると考えられる。

(25)　a.　<X19, {<Name, ジョン >, <Kind, 大学生 >, < 年齢 , 20>, < 身長 , 181cm> ... }>

　　　b.　<X65, {<Name, 北京オリンピック >, < 開催年 , 2008 年 >, < 場所 , 中国・北京 >, ...}>

　　　c.　<X923, {<Name, ○○海岸 OL 殺人事件 >, < 犯人 , X30>, < 被害者 , X34>, < 担当主任刑事 , X337>, ...}>

　　　d.　<X82, {<Kind, 落とした >, < 落下物 , X53>, < 行為者 , X19>, < 落下場所 , ...>, ...}>[①]

[上山 2015: 10, (4)]

　(23) に示したように、意味表示は、(26) のような形式をしており、Information Database の形式と並行的になっている。

(26)　a.　意味表示は、OBJECT の集合である。[②]

　　　b.　OBJECT とは、指標と property（特性）の集合との対であるとする。指標は、単なる数字や object の指標と区別するために小文字の x を先頭に置くことにする。

---

① デキゴトの場合、それが持つ意味役割（semantic role）が、その property の attribute になり、参与者（participant）がその value になるとされている。意味表示におけるデキゴトもこのような property を持っているが、それについて次の 1.4.1 節で述べていく。

② OBJECT は、Information Database にある object（存在物）と同じ形式になっているが、OBJECT 自身は単なる記号であり、存在物ではないと考えられている。

<x245, {property1, property2, ...}>

c.　property とは、attribute（項目名）と value（値）との対であるとする。

<x245, {<attribute1, value1>, <attribute2, value2>, ...}>

[上山 2015: 23, (35)]

このように、統語意味論では、言語によって表される意味と Information Database が互いに参照できる形式になっている。これによって、人間が言語から得る意味表示によって、自分が持っている Information Database の知識を追加したり、削除したり、また修正したりすることができるのである。言い換えれば、このように参照できる形式であるからこそ、1.2 節で述べた、(4b) と (4c) の関連性を捉えられる。

(4)　「意味」の 3 つの source

a.　各語彙項目について Lexicon で指定されている「意味」

b.　a. を材料として、組み合わせることによって加えられた / 変更された「意味」

c.　b. と自分の持つ「情報」を統合して得られる「意味」

[cf. 上山 2015: 33, (81)]

ここまでは、統語意味論の背景を説明してきた。以下では、まず 1.4 節で、本書で扱う言語である中国語について、統語意味論での基本的な表示の仕方を紹介しながら、動詞句と名詞句の方面からこの言語の特徴について述べておく。その次、1.5 節では、本書で具体的にどのような現象を扱うかについて紹介する。

1.4　中国語の特徴

1.4.1　動詞句

本節では、統語意味論における中国語の動詞の表示方法、中国語の動詞分類と「裸動詞」について見ていく。

1.4.1.1　動詞の表示方法

まず、中国語の動詞を、統語意味論の手法ではどのように表すべきかを考えておく。上山（2015）に従うと、たとえば「坏（壊れる）」と「看（見る）」は、それぞれ Lexicon において次のような形式を持つことになる。

(27)　a.　[{V}, <id, {<Kind, 坏 >, <Theme, ★ >}>, 坏]

　　　b.　[{V}, <id, {<Kind, 看 >, <Agent, ★ >, <Theme, ★ >}>, 看]

(27) では、動詞が持つ意味役割が、その意味素性の property としてそれぞれ表示されている。ここの★も解釈不可能素性の1つであり、次の規定によって削除されるものである。

(28)　★の削除規定

　　　Merge 相手の指標で置き換えられる。　　　　　[cf. 上山 2015: 36, (6)]

しかし、(27) だけでは、まだ次に述べるような制限を捉えられない。(29) のように、基本語順が SVO である中国語において、基本的に、動詞の左側にあらわれるものが必ず Agent となり、動詞の右側にあらわれるものが Theme とならなければならない。

(29)　[约翰]　　看　　[可爱　　（的）　　马丽]。
　　　ジョン　　見る　かわいい　（の）　　メアリ

ジョンは、かわいいメアリを見る。

　(29)に対して、仮にNumerationにおいて「约翰」がx1、「看」がx2、「马丽」がx4という指標番号が付与されるとすると、(30)の意味表示は適切であるが、(31)の意味表示は不適切である。

(30)　<x2, [{V}, <x2, {<Kind, 看 >, <Agent, x1>, <Theme, x4}>, 看]>
　　　（＝ジョンがメアリを見る）

(31)　<x2, [{V}, <x2, {<Kind, 看 >, <Agent, x4>, <Theme, x1}>, 看]>
　　　（＝メアリがジョンを見る）

　このような制限を説明するためには、中国語において、主要部が左側にくるMerge（Left-headed Merge）と主要部が右側にくるMerge（Right-headed Merge）が区別される必要がある。このように区別すると、(32)のように、Agentのvalueに対してRH-Merge（Right-headed Mergeの略）、ThemeのvalueにたいしてLH-Merge（Right-headed Mergeの略）が適用されるように指定することができる。

(32)　[{V}, <id, {<Kind, 看 >, <Agent, $\boxed{\bigstar}_{[RH]}$ >, <Theme, $\boxed{\bigstar}_{[LH]}$ >}>, 看]

　このような指定により、Agentが主要部の「看」とMergeする場合に、主要部は右側にMerge（RH-Merge）しなければならないし、Themeが主要部とMergeする場合に、主要部は左側にMerge（LH-Merge）しなければならないことになる。これで、(29)に対して、(30)の意味表示は導かれるが、(31)の意味表示は導かれないことになる。

　Minimalist Programにおいては、Mergeという操作はごく一般的に定義され、特殊なMerge規則は仮定されていないが、各言語における意味と音の

対応関係を十分に捉えるためには、Merge 規則を具体的に記述する必要があると考えている。中国語の場合、「動詞の意味役割は基本的に語順によって決まる」という事実があるため、RH-Merge と LH-Merge は必要最低限の設定である。

RH-Merge と LH-Merge は、それぞれ以下のように定義できる。

RH-Merge は、2つの要素をとって、右側の要素を主要部として、1つの要素にする操作である。

(33)　RH Merge（Right-Headed Merge）
　　　<xn, [{ 範疇素性 1, 統語素性 1}, 意味素性 1, body1]>
　　　<xm, [{ 範疇素性 2, 統語素性 2}, 意味素性 2, body2]>
⇒ RH-Merge
　　　<xm, [{ 範疇素性 2, 統語素性 2}, 意味素性 2, <
　　　　　<xn, [{ 範疇素性 1, 統語素性 1}, 意味素性 1, body1]>
　　　　　<xm, [{ 範疇素性 2}, ϕ, body2]>
　　　>]>

LH-Merge は、2つの要素をとって、左側の要素を主要部として、1つの要素にする操作である。

(34)　LH Merge（Left-Headed Merge)
　　　<xm, [{ 範疇素性 2, 統語素性 2}, 意味素性 2, body2]>
　　　<xn, [{ 範疇素性 1, 統語素性 1}, 意味素性 1, body1]>
⇒ LH-Merge
　　　<xm, [{ 範疇素性 2, 統語素性 2}, 意味素性 2, <
　　　　　<xm, [{ 範疇素性 2}, ϕ, body2]>

<xn, [{ 範疇素性 1, 統語素性 1}, 意味素性 1, body1]>

>]>

また、解釈不可能素性 ★ [RH]、★ [LH] は、それぞれ以下の規定によって、削除されると仮定する。

(35)　★ [RH] の削除規定

RH–Merge の相手の指標によって置き換えられる。

(36)　★ [LH] の削除規定

LH–Merge の相手の指標によって置き換えられる。

　★ [RH]、★ [LH] は、動詞が Lexicon において指定される素性であるのに対して、RH–Merge と LH–Merge は、動詞とその項（argument）との Merge に限らず、名詞と名詞、また形容詞と名詞など中国語全般に適用する Merge 規則であると考えている。

　1.4.1.2　動詞分類と「裸動詞」

　本節では、中国語の動詞に見られる 1 つ大きな特徴を紹介する。それにあたって、以下、まず動詞の分類から見ていく。

　Tai (1984) によると、中国語の動詞は、動作動詞（activity verb）、結果動詞（result verb）と状態動詞（state verb）の 3 種類に分かれるという。

　まず、Tai (1984) は、中国語には、動作動詞があるが、達成動詞（accomplishment verb）がないと指摘している。

(37)　a.　　他　　　[学]　　　了　　　中文。

　　　　　彼　　　学ぶ　　　Asp　　中国語

　　　　　彼は中国語を勉強した。

b. 他 [学] 了 中文， 可是 还 不 会。
彼 学ぶ Asp 中国語 しかし まだ Neg できる
彼は中国語を勉強したが、まだマスターしていない。

(38) a. 张三 [杀] 了 李四 两次。
张三 殺す Asp 李四 2 CL
張三は、李四を二回殺そうとした。

b. 张三 [杀] 了 李四 两次，李四 都 没 死。
张三 殺す Asp 李四 2 CL 李四 Dou Neg 死ぬ
張三は、李四を二回殺そうとしたが、李四はまだ生きている。

　　中国語には、達成動詞はないが、次のように、動作の結果を表すことが
できる複合動詞がある。Tai (1984) は、このような動詞を結果動詞と呼んで
いる。

(39) a. 他 [学会] 了 中文。
彼 学び－できる Asp 中国語
彼は中国語をマスターした。

b. ＊他 [学会] 了 中文，可是 还 不 会。
彼 学び－できる Asp 中国語 しかし まだ Neg できる
＊彼は中国語をマスターしたが、まだできない。

(40) a. 张三 [杀死] 了 李四。
张三 殺し－死ぬ Asp 李四
張三は、李四を殺した。

b. ＊张三 [杀死] 了 李四 两次，李四 都 没 死。

張三　殺し‐死ぬ Asp　李四 2 CL　李四　Dou　Neg　死ぬ

★張三は、李四を二回殺したが、李四はまだ生きている。

最後は、状態動詞である。状態動詞は「很（とても）」と共起できる。

(41)　状態動詞

　　a.　他　　　很　　　［爱］　　我。

　　　　彼　　とても　　愛する　　私

　　　　彼は私のことを愛している。

　　b.　我　　［喜欢］　动物。

　　　　私　　好き　　　動物

　　　　私は動物が好きだ。

　このように、中国語の動詞は主にこの 3 種類から成る。種類によって、動詞が「単独」で生起できるかどうかが異なる。

　状態動詞は、上の (41) で見たように、「単独」で文を成すことができる。しかし、次の (42)、(43) のように、動作動詞と結果動詞は、動詞「単独」のまま文を成すことができない。

(42)　動作動詞

　　a.　★张三　　　唱　　　歌。

　　　　張三　　　歌う　　　歌

　　b.　★小明　　　买　　　菜。

　　　　明くん　　買う　　野菜

(43)　結果動詞

　　a.　★小王　　　学会　　　　　游泳。

王くん　　学ぶ‐できる　　水泳

b.　　★李四　　　建好　　　房子。

　　　李四　　建てる‐よい　　家

　黄（1994）、孔（1994）は、このような文が、次のような機能語が生起することで容認されるようになると指摘した。[①]

(44)　助動詞が生起する場合

a.　　张三　　［会］　唱　　歌。

　　張三　　Aux　　歌う　　歌

　　張三は歌を歌える。

b.　　小王　　　［能］　　学会　　　　游泳。

　　王くん　　Aux　　学ぶ‐できる　　水泳

　　王くんは水泳をマスターすることができる。

(45)　アスペクト標識が生起する場合

[①]　また、(i) のように時間詞を加える、あるいは、(ii) のように動詞連続（serial verb）にすることで、
　容認性もあがる。

(i)　a. ★我　儿子　毕业。　　　　　　　　　　　　　　　　　　［黄 1994: 443, (34)］
　　　私　　息子　卒業する
　　　息子が卒業する。
　　b. ok我　儿子　［明年］　毕业。　　　　　　　　　　　　　　［黄 1994: 443, (34')］
　　　私　　息子　来年　　卒業する
　　　息子が来年卒業する。

(ii)　a. ★张三　回　　家。
　　　　張三　帰る　家
　　b. ok张三　［回　　家］　［吃　　　饭］。
　　　　張三　帰る　家　食べる　ご飯
　　　　張三は家に帰ってご飯を食べる。

a.　　張三　　　[在]　　唱歌。　　　　　　　　　　（進行形）

　　　張三　　　Asp　　歌う歌

　　　張三は歌を歌っている。

b.　　小王　　　　学会　　　　　[了]　　　游泳。　　　（完了形）①

　　　王くん　　学ぶ‐マスター　　Asp　　水泳

　　　王くんは水泳をマスターした。

(46)　文末助詞が生起する場合

a.　　張三　　　唱　　歌　　[了／啦]。

　　　張三　　　歌う　歌　　SFP／SFP

　　　張三は歌を歌った。

b.　　小王　　　　学会　　　　游泳　　[了／啦]。

　　　王くん　　学ぶ‐できる　　水泳　　SFP／SFP

　　　王くんは水泳ができるようになった。

　(44)‐(46) と比べ、(42) と (43) に挙がっているような動詞の状態を裸動詞（bare verb）と呼ぶことにする。

　　裸動詞だけで文を終えることができない事実は、中国語が時制を表す文法カテゴリを持たない言語であることに関連すると考えられる。中国語は、時制を表す文法カテゴリを持たないため、裸動詞だけが生起する文では、過去のデキゴトを表すのか、あるいは現在、未来のデキゴトを表すのかが決まらない。そのため、ほかの手段に頼って時制を表現する必要がある。(44) では、裸動詞が、能力を表す助動詞「会、能（できる）」と共起し、状態を表している。また、(45) と (46) では、アスペクト標識や文末助詞と共起し、デキゴトの進行度合いを表している。

———————————

① 結果動詞は、進行相を表す「在」と共起できない。

このように、状態動詞以外のほとんどの動詞は、単独では生起できない。このことは、中国語全般に関わる1つの大きな特徴である。裸動詞が持つこのような「欠点」を避けるために、中国語では、上記に述べた手段以外の「補正方法」も用いられているようである。この点については、4章で詳しく述べていく。

1.4.2　名詞句

中国語における名詞句は、基本的に「裸名詞（bare noun）」、「数量表現」（「数詞＋量詞＋名詞」の形式を持つもの）と、指示表現（「指示詞＋数詞＋量詞＋名詞」の形式を持つもの）という3つの形式を持っている。[①]

(47)　中国語の名詞句

    a.　「裸名詞」

       书（本）、人（人）、水（水）

    b.　「数量表現」：「数詞＋量詞＋名詞」

       一　本　书、　两　个　人、　三　杯　水

       1　CL　本　　2　CL　人　　3　CL　水

       1　冊の本、　　2人の人、　　3杯の水

    c.　「指示表現」：「指示詞＋数詞＋量詞＋名詞」[②]

       这／那　（一）本书、　这／那　两个人、　这／那　　三杯水

       この／その 1 CL 本　この／その 2 CL 人　この／その 3 CL 水

[①]　量詞という用語は、中国語学で一般的に用いられるものである。刘月华等（2001）によると、「量词是表示事物或动作的数量单位的词。量词分名量词和动量词两大类。」（量詞は、モノやコトに対して、その数量を表すものである。量詞には、名量詞と動量詞の2種類がある）とされている。たとえば、名量詞と動量詞には、それぞれ以下のようなものがある。

(i)　名量詞：个（個），张（枚），本（冊）等

(ii)　動量詞：次（回），遍（遍），趟，阵等

[②]　数量表現は、数詞が「一」の場合、「一」は省略できる。

この / その１冊の本、この / その２人の人、この / その３杯の水

　中国語において、この３つの形式の名詞句は、それぞれ担う機能が異なっている。裸名詞は、基本的にその名詞によって表される「概念」を指す。数量表現は、概念的なものではなく、何か不定の個体物を表す。数量表現に対して、指示表現はその名前のとおり、特定の個体物を表す。

　これらの名詞句の違いにより、それらが動詞の目的語として動詞と動詞句を作る場合、動詞句の解釈が異なってくる。

　まず、裸名詞はその名詞によって表される概念を表すため、「動詞＋裸名詞」からなる動詞句は、概念上のデキゴトを表す。

(48)　「動詞＋裸名詞」

　　　买　　　书
　　　買う　　本
　　　本を買う
　　　（「本を買う」という概念上のデキゴト）

　それに対して、数量表現は不定の個体物を表し、「動詞＋数量表現」からなる動詞句は、具体的なデキゴトを表す。また、不定の個体物は物理的に「有限」であるため、動詞によって表されるデキゴトに end point をもたらす。

(49)　「動詞＋数量表現」

　　　买　　[一　　本　　书]
　　　買う　1　　CL　　本
　　　１冊の本を買う
　　　（具体的なデキゴト、１冊の本が買えたら、「買う」という動作が終
　　　　結する）

さらに、指示表現は、動作対象が定の個体物である具体的なデキゴトを表す。この場合も、動作対象が限られているため、動詞によって表される動作に end point が含まれる。

(50) 「動詞＋指示表現」

　　　買　　　[这　　（一）　　本　　书]
　　　買う　　この　　　1　　　CL　　本
　　　この本を買う
　　　（具体的なデキゴト、この本が買えたら、「買う」という動作が終結する）

(49) と (50) に比べ、(48) のような「動詞＋裸名詞」からなる動詞句の場合、裸名詞が概念上のものを表すため、動詞によって表される動作に終結点が含まれない。

以上、(48)、(49)、(50) に示した動詞句の違いは、これらが文に生起する場合、文の容認性の差に反映される。

まず、進行（progressive）を表すアスペクト標識「在」が生起する場合、目的語が裸名詞となる文は容認されるが、数量表現と指示表現となる文は容認されない。

(51) 「動詞＋裸名詞」

a.　　張三　　在　　买　　[书]。
　　　張三　　Asp　買う　本
　　　張三は本を買っている。

b.　　他　　在　　喝　　[水]。
　　　彼　　Asp　飲む　水

彼は水を飲んでいる。

(52) 「動詞＋数量表現」

    a.   ★张三   在   买   [一   本   书]。

        張三   Asp   買う   1   CL   本

        張三は、1冊の本を買っている。

    b.   ★他   在   喝   [一   杯   水]。

        彼   Asp   飲む   1   CL   水

        彼は1杯の水を飲んでいる。

(53) 「動詞＋指示表現」

    a.   ★张三   在   买   [这   本   书]。

        張三   Asp   買う   この   CL   本

        張三は、この本を買っている。

    b.   ★他   在   喝   [这   杯   水]。

        彼   Asp   飲む   この   CL   水

        彼はこの1杯の水を飲んでいる。

裸名詞は概念を表すだけであり、動詞によって表される動作に end point をつけないため、「動詞＋裸名詞」からなる動詞は、「在」と共起できるのである。それに対して、数量表現と指示表現は、前述したように、動詞によって表される動作に end point をつけ、動作の完了を意味するため、当然進行を表す「在」と共起できない（cf. 刘小梅 1994）。

また、これらの動詞句は、完了を表すアスペクト標識「了」と共起する場合にも、容認性に差が見られる。目的語が裸名詞である動詞句は、「了」と共起しにくいが、数量表現と指示表現である動詞句は、「了」と共起しや

すい。

(54) 「動詞＋裸動詞」

a. ★张三 买 了 [书]。

   張三 買う Asp 本

   張三が本を買った。

b. ★他 喝 了 [水]。

   彼 飲む Asp 水

   彼は水を飲んだ。

(55) 「動詞＋数量表現」

a. 张三 买 了 [一 本 书]。

   張三 買う Asp 1 CL 本

   張三は1冊の本を買った。

b. 他 喝 了 [一 杯 水]。

   彼 飲む Asp 1 CL 水

   彼は1杯の水を飲んだ。

(56) 「動詞＋指示表現」

a. 张三 买 了 [这 本 书]。

   張三 買う Asp この CL 本

   張三はこの本を買った。

b. 他 喝 了 [这 杯 水]。

   彼 飲む Asp この CL 水

   彼はこの1杯の水を飲んだ。

「了」は動詞と共起し、デキゴトが完了したという意味を表す。この場合のデキゴトは、bounded（限界性を持つ）なものでなければならない。前述したように、裸名詞は単なる概念を表し、end point を持たないため、「動詞＋裸名詞」からなる動詞句は、「了」と共起しても、完全に「完了」するとは言えない。そのため、(54) は、容認性が低いのである。それに対して、数量表現も指示表現も、動詞によって表される動作に end point をつけ、完了を表す「了」との相性がよいため、(55) と (56) は容認されるのである。

　中国語では、(54) のような文を成り立たせるには、1つの手段として、(57)のように文末助詞「了」をさらに加える必要がある。

(57)　a.　　張三　　　买　　　了　　　[书]　　　了。
　　　　　張三　　買う　　Asp　　本　　　SFP
　　　　　張三は本を買った。
　　　b.　他　　　喝　　　了　　　[水]　　　了。
　　　　　彼　　　飲む　　Asp　　水　　　SFP
　　　　　彼は水を飲んだ。

　文末助詞の「了」は、状態変化を表すものである。これが加えられると、アスペクト標識の「了」と二重に働き、デキゴトが「完了」するという意味はきちんと表せる。そのため、(57) の容認性が高くなるのである。

　このように、中国語において、裸動詞、数量表現、また指示表現が担う機能は、それぞれ異なっており、文にどのような名詞句が生起するかによって、その具体的な意味も、容認度も大きく異なってしまう。前節で述べた「裸動詞単独で文を終えることができない」という特徴に加え、「名詞句の形式と持つ機能が厳密に分けられている」ことは、中国語のもう1つ顕著な特徴であると言える。本書で、名詞句、特に数量表現は、第4章での分析に関わ

ってくる。

1.5　本書で扱う現象

　本書では、中国語における並置文を取り上げる。中国語では、2つの節を何の接続詞も用いずに単に並置した構文が頻繁に用いられる。接続詞がなくとも、この前件と後件の意味関係は密接であり、片方だけでは文として成り立たない。本書は、並置文における前件と後件の意味の関わり方を詳細に観察していくことによって、統語構造と意味表示の関係を追求する。

　取り上げる構文は、以下の3つである。

　1つ目は、中国語の比較相関構文である。比較相関構文とは、前件におけるある要素の度合いが増すにつれて、後件における別の要素の度合いも増すことを示す構文である。英語の「the more...the more...」構文の more に相当する要素「越（yue）」が前件と後件に1つずつあらわれ、(58) のような文を構成することで比較相関の解釈を表す。

(58)　比較相関構文
　　a.　時間　越　　長,　成功　的　可能性　越　　大。
　　　　時間　より　長い　成功する　の　可能性　より　大きい
　　　　時間が長いほど、成功する可能性が高くなる。
　　b.　你　　越　　表扬　他,　他　就　越　　骄傲。
　　　　あなた　より　ほめる　彼　彼　jiu　より　傲慢する
　　　　あなたが彼をほめるほど、彼は傲慢になる。

　(58a) は、「時間の長さの度合いが増すにつれて、成功する可能性が増す」ということを表しており、(58b) は、「あなたが彼をほめる度合いが増すに

つれて、彼が傲慢になる度合いが増す」ということを表している。

　2つ目は、本書でWH連動読み構文と呼ぶものである。これは、前件と後件にそれぞれ「何」「どの女の子」のようなwh-phraseが生起し、後件のwh-phraseが代名詞のように解釈される構文である。

(59) a. 妈妈　　　做　　何，　小明　　吃　　何。
　　　　お母さん　作る　　何　　明くん　食べる　　何
　　　　お母さんが何を作っても、明くんがそれを食べる。

　　　b. 张三　　见　哪个　姑娘，　爱　哪个　姑娘。
　　　　張三　　会う　どの　CL　女の子　愛する　どの　CL　女の子
　　　　張三はどの女の子に会っても、その女の子を愛する。

　3つ目は、本書で裸動詞並置文と呼ぶものである。前件と後件にそれぞれ数量表現が含まれ、後件の数量表現が代名詞のように解釈される構文である。

(60) a. 张三　　见　一个　姑娘，　爱　一个　姑娘。
　　　　張三　　会う　1 CL　女の子　愛する　1 CL　女の子
　　　　張三は女の子に会っては、その女の子を愛する。

　　　b. 妈妈　　　做　一张饼，小明　　吃　一张饼。
　　　　お母さん　作る　1 CL　餅　明くん　食べる　1 CL　餅
　　　　お母さんが餅を1枚作っては、明くんがそれを食べる。

　この構文はWH連動読み構文と似ているように見えるが、本書では、両者がさまざまな点で異なっていることを示す。また、この構文では裸動詞が生起していることが重要なポイントであると指摘する。

　先行研究では、これらの構文が全称量化（universal quantification）的な

解釈を持つという観察に基づいて、全称量化子（universal quantifier）の働き
を持つ機能範疇を仮定することが多かった。たとえば、(58)、(59)、(60) は、
それぞれ以下の式によって表される意味を持つという。

(61)　(58a) の logical form

　$\forall$ x, y [time (x) & time (y) & y is longer than x] [the possibility of success is
bigger]

[cf. Lin 2007 : 173, 188]

(62)　(59a) の logical form

　$\forall$ x [girl (x) & zhangsan meets x][zhangsan loves x]

[cf. Cheng & Huang 1996 : 153]

(63)　(60a) の logical form

　$\forall$ x [girl (x) & zhangsan meets x][zhangsan loves x]

[cf. 文 2006 : 89, 90]

　　しかし、これらの構文は、常に全称量化的な解釈を持つとは限らない。
たとえば、WH 連動読み構文は、存在量化（existential quantification）的解釈
になることもある。また、先行研究の分析に従えば、(62) と (63) は同じ意味
表示になり、(59) と (60) は同じ意味を持つ構文ということになってしまう。
ところが、「何」「誰」のような wh-phrase を用いているかどうかで、両者
は記述的にも明らかに異なっている。このような誤った分析が生じるのは、
統語構造によって決定される意味と、話者が推論によって補完し理解する意
味が、区別されていないからであろう。

　　本書では、統語構造によって決定される意味と、話者が推論によって補

完し理解する意味を区別することにより、上記の構文に対して、より簡明な分析を提案する。具体的には、これら並置文の前件と後件は、音声として発音されない機能範疇によって、結び付けられると考える。この発音されない機能範疇のことをPredicationと呼ぶ。比較相関構文、WH連動読み構文、裸動詞並置文は、どれもPredicationが関わる構文であるが、それぞれPredicationの種類が異なっていることを提案する。このように捉えることにより、これらの構文の共通点や相違点が明らかになる。

　以下、第2章、第3章、第4章では、それぞれ比較相関構文、WH連動読み構文、裸動詞並置文を取り上げ、機能範疇（Predication）によって、それぞれの構文の意味が具体的にどのように決められているのかを述べる。最後に、第5章では全体を見渡して本書のまとめを行う。

2 比較相関構文

2.1 はじめに

　日本語のホドや英語の *the more/-er...the more/-er* が比較相関を表すのと同様に、中国語では、次の (1) が示すように、「…越 (yue)…越 (yue)…」という形式がその役割を果たす［以下、便宜上、越 (yue) 構文と呼ぶ］。[①]

(1) a. 　張三　越　　想　　越　　着急。
　　　　張三　より　考える　より　焦る
　　　　張三はより考えると、より焦る。[②]

[①] 越 (yue) 構文は、英語の *the more/-er...the more/-er* 構文と対応しているが、more/-er が比較構文でも使えるのに対して、越 (yue) は、中国語の比較構文では使えない（McCawley 1988）。

(i) a. ＊今天　比　昨天越　熱。　　b. 今天　比　昨天　更　熱。
　　　今日　より　昨日 yue 暑い　　　今日　より　昨日　更に　暑い
　　　今日は昨日よりもっと暑い。　　　今日は昨日よりもっと暑い。

　　（yue）構文が、英語の *the more/-er...the more/-er* 構文（Culicover & Jackendoff 1999、Taylor 2005、Iwasaki & Radford 2009 ）、および日本語のホド構文（東寺 2015）とは、どのような違いがあるかは、本書と直接関連しないため、ここでは詳述しないが、今後の課題としたい。

[②] 日本語の比較相関構文では「ホド」が用いられるが、「ホド」という語彙には、越 (yue) という語彙が持つ「より」という意味がない。よって本研究では、中国語例文の日本語訳文は「より…より…」を用いる。

b.　我　越　往下　读，　越　被　吸引。
　　私　より　下へ　読む　より　受け身　惹かれる

　　私は本をより読み進めていくと、物語により惹かれる（興味がわ

　　いてくる）。

　　本章は、中国語の越（yue）構文の意味条件と構造条件を明らかにする

ことを目的とする。

2.2　比較相関構文の意味条件

2.2.1　越（yue）とその被修飾語

　　現代中国語では、越（yue）という語彙は副詞であり、述語の位置にあ

る動詞あるいは形容詞を修飾することができる。一方で、動詞または形容詞

が主語名詞や目的語名詞を修飾する場合にも、越（yue）がそれらを修飾で

きる。この場合、越（yue）は主語名詞句と目的語名詞句の中に含まれる。

(2)　述語の前

a.　時間　越　長，　成功　的　可能性　越　大。

[邢 1985: 178, (1)]

　　時間　より　長い　成功する　の　可能性　より　大きい

　　時間がより長いと、成功する可能性がより高くなる。

b.　你　越　表扬　他，　他　就　越　骄傲。
　　あなた　より　ほめる　彼　彼　jiu　より　傲慢

　　あなたがより彼をほめると、彼はより傲慢になる。

c.　你　越　早　写完　作业，　就
　　あなた　より　早く　書き‐終わる　宿題　jiu

可以　　　越　　早　　　睡觉。

－てもよい　　より　　早く　　寝る

あなたが宿題をより早く終えると、より早く寝られる。

(3)　主語名詞句内

a.　[越 优秀 的 学生] 来　听课,　　老师　　越　　高兴。

より 優秀 の 学生 来る 授業を聞く 先生　 より　 喜ぶ

より優秀な学生が授業を聞きに来ると、先生はより喜ぶ。

b.　剧本　越　好,　[越　多 的 演员] 想　　参演。

脚本　 より　よい　より　多い　 の　俳優 －たい　出演する

脚本がよりよいと、よりたくさんの俳優が出たがる。

(4)　目的語名詞句

a.　张三 买 [越　贵 的　　东西],　老师　　越　　生气。

张三　 買う より 高い の　もの　 先生　 より　 怒る

张三がより高いものを買うと、先生はより怒る。

b.　张三　追　　[越　　漂亮　的　女孩],　就　会

张三 追いかける　 より　きれい　の　女の子 jiu Aux

送　　[越　多 的　花]。

送る　 より　多く の　花

张三がよりきれいな女の子を追いかける時は、より多くの花を贈る。

また、越（yue）は、「補語」の中に生起することもできる。[1]

_____

[1]　ここで言う「補語」は中国語学でよく使われる名称であり、典型的な補語は、「V＋得（de）」に
後続し、Vの結果、程度、状態、数量などの意味を補うものである。得（de）という要素は補語を
導くマーカーと考えられる。

2. 比較相関構文

(5) 補語①

a. 我　弾　得　[越　响]，他　吼　得　[越　凶]。

[邢 2001: 387, (42)]

私　弾く De　より　大きい　彼　喚く　De より　ひどい

私が（楽器を）弾く音がより大きいと、彼はよりひどく喚く。

b. 他　唱　得　[越　大声]，妈妈　[越　生气]。

彼　歌う De　より　大きく　お母さん　より　怒る

彼がより大きな声で歌うと、お母さんがより怒る。

　上記のように、越（yue）は文中のさまざまなな位置に現れうる。ただし、(6) に示すように、越（yue）が生起する位置によって、どの要素を修飾するかが決まる。(6) のように越（yue）が動詞の直前に位置する場合、越（yue）は (6a) のように動詞を修飾する解釈はできるが、(6b) のように主語名詞句内の形容詞「优秀（優秀）」を修飾する解釈はできない。

(6)　优秀　的　学生　越　来　听课，老师　越　高兴。

優秀　の　学生　より　来る　授業を聞く　先生　より　喜ぶ

a. ok優秀な学生がより（頻繁に）授業を聞きに来ると、先生はより喜ぶ。

b. ★より優秀な学生が授業を聞きに来ると、先生はより喜ぶ。

　(6b) の解釈が成立するには、(7) のような文になっていなければならない。そして、この場合には (6a) の解釈ができない。

---

① 越（yue）は、述語動詞の前に現れてもよい。ただし、(5) のほうがよく使われる。

(i) a. 我　越　弾　得　响，他　越　吼　得　凶。　　　　[cf.(5a)]

私　より　弾く De　大きい　彼　より　喚く　De　ひどい

私が（ピアノやギターを）弾く音がより大きいと、彼はよりひどく喚く。

b. 他　越　唱　得　大声，妈妈　越　生气。　　　　[cf.(5b)]

彼　より　歌う De　大きく　お母さん　より　怒る

彼がより大きな声で歌うと、お母さんがより怒る。

(7) [越　优秀　的　学生]　来　　听课，　　老师　　越　　高兴。

　　　より　優秀　の　学生　　来る　授業を聞く　先生　より　　喜ぶ

　　より優秀な学生が授業を聞きに来ると、先生はより喜ぶ。

　　上の (6) と (7) では、越（yue）に修飾されている要素は、すべて越（yue）と sister 関係を持っている。一方で、(8) が示すように、越（yue）と sister 関係を持たない要素でも越（yue）によって修飾されうる。[①]

(8) a.　老师　越　[VP 选　难　（的）　课题]，学生　越　　辛苦。[②]

　　　　先生　より　選ぶ　難しい　（の）　課題　　学生　より　苦労する

　　　　先生がより難しい課題を選ぶと、学生がより苦労する。

　　b.　我　越　[VP 弹　得　响]，他　越　[VP 吼　得　凶]。

[cf. 邢 2001: 387, (42)]

　　　　私　より　弾く　De　大きい　彼　より　喚く　De　ひどい

　　　　私が（楽器を）弾く音がより大きいと、彼はよりひどく喚く。

　　(8a) では、越（yue）と sister 関係を持たない「目的語名詞句内の形容詞「难（難しい）」」が越（yue）に修飾され、(8b) では「補語内の形容詞「响（大きい）」と「凶（ひどい）」」が越（yue）に修飾されている。

　　上記 (6)–(8) に見られる越（yue）構文の現象は越（yue）構文のある意味条件を反映しているが、これまでの先行研究では特に注目されていなかった。また先行研究がこれらの現象に注目して説明しようとしても、「領域」という概念を用いて説明してしまう可能性が高いであろう。つまり、越（yue）

---

① (8) で越（yue）の sister である VP が越（yue）に修飾される解釈もできる。脚注 6 に示すように、(8a) では「より選ぶ」という解釈が可能である。また、本来 (8b) では「より弾く」と「より喚く」という解釈もできると思われるが、このように補語が関わる場合、補語の部分が焦点化されるため、VP が越（yue）に修飾される解釈よりも、補語が越（yue）に修飾される解釈がさらに自然であると考えられる。

② (8a) は、「先生が難しい課題をより（たくさん）選ぶと、学生がより苦労する」という解釈もできる。

に修飾される要素は、越（yue）の「領域」の中になければならないということである。(6) では、「来听课（授業を聞きに来る）」は、越（yue）の「領域」の中にあるため、(6a) の解釈ができる。そして、「优秀（優秀）」は越（yue）の「領域」の中にないため (6b) の解釈ができない。

(6) 优秀 的 学生 <u>越</u> 来 听课， 老师 <u>越</u> 高兴。
    優秀 の 学生 より 来る 授業を聞く 先生 より 喜ぶ

    a. ok 優秀な学生がより（頻繁に）授業を聞きに来ると、先生がより喜ぶ。

    b. ★ より優秀な学生が授業を聞きに来ると、先生がより喜ぶ。

(7) と (8) も同様に説明されるだろう。

このような「説明」は語彙項目同士の構造的な位置関係を表すもので、ある程度その意味関係の方向を示すことができるが、具体的に語彙項目と語彙項目はどのように関連づけられているのか、特に (7) のように sister 関係を持たない語彙項目と語彙項目の間にある意味関係は捉えられない。

では、越（yue）に修飾される要素、特に越（yue）と sister 関係を持たない要素は、越（yue）とどのように関連付けられているのだろうか。この問題は越（yue）構文の基本的な意味に関わっており、次節ではこの問題について詳しく考えていく。

2.2.2　提案

2.2.2.1　長距離依存関係

(8) における越（yue）とその被修飾語の関係は、いわば長距離の関係である。

(8) a. 老师 <u>越</u> 选 <u>难</u> （的） 课题，学生 <u>越</u> 辛苦。

先生　より　選ぶ　難しい　（の）　課題　学生　より　苦労する

先生がより難しい課題を選ぶと、学生がより苦労する。

b.　我　越　弾　得　响，他　越　吼　得　凶。

[cf. 邢 2001: 387, (42)]

私　より　弾く　De　大きい　彼　より　喚く　De　ひどい

私が（楽器を）弾く音がより大きいと、彼はよりひどく喚く。

上山（2015）では、2つの要素の間における長距離依存（long distance dependency）の関係を構築する方法として、以下のような考え方を提示している。

次の(9a)では、sister 関係を持たない N と NP は、それぞれなんらかの素性を持っている。低い位置にある NP が持つ素性（★）は、下からその mother にどんどん継承されていき、一番上位の V の位置で N と Merge することができる。この Merge によって、N と NP がそれぞれ持っている素性が削除され、その間の関係が確認できる。

それに対して、(9b)では、NP と一番低い位置にある V が sister 関係を持っていない。NP が持つ素性（★）はどんどん上に継承されていくが、V が持つ素性（○）は継承されないので、NP と V はお互い素性をチェックすることができない。よって、NP と V の間では長距離依存関係が成り立たない。

(9)　a.　「N」と「NP」は長距離関係を持つ

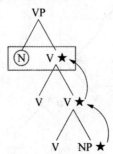

2. 比較相関構文

b.　「V」と「NP」は長距離関係を持たない

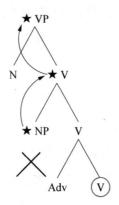

　(8) のように越 (yue) とその被修飾語が sister 関係を持たない場合も、この考え方で説明できる。以下、(8a) を中心に説明していく。(10) では、越 (yue) と「难 (難しい)」はそれぞれ素性を持っている。「难 (難しい)」が持つ素性は次々に mother に継承され、越 (yue) の Merge 相手の V に継承された際に、越 (yue) と Merge することができ、越 (yue) が持つ素性も「难 (難しい)」から継承された素性も削除される。このようにして、越 (yue) と「难 (難しい)」の間の意味関係が作られる。

(10)　(8a) における越 (yue) と「難しい」の意味関係の構築

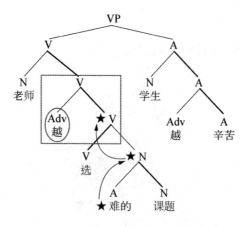

この考え方により、(6) と (7) で示した、越（yue）とその被修飾語が sister 関係を持つ場合の越（yue）構文も説明することができる。

(6) で (6a) の解釈、つまり「優秀な学生がより授業を聞きに来る（と先生がよりうれしい）」となる場合を考える。まず「来（来る）」が持つ素性（★）は、(11a) のようにその上位の V に継承される。次に、素性（★）を継承した V は越（yue）と直接 Merge し、素性★と素性○が削除される。これで、越（yue）と「来る」の間の意味関係が作られる。(6b) の解釈、つまり、「より優秀な学生が授業を聞きに来る（と先生がよりうれしい）」とならないのは、(11b) に示すように、「优秀（優秀）」が持つ素性は、越（yue）が持つ素性と出会わないためである。この時は、(6a) のようにそれぞれの素性を削除できない。よって、「优秀（優秀）」は越（yue）に修飾されない。

(11)　a.　(6a) で越（yue と「来る」は意味関係を持つ

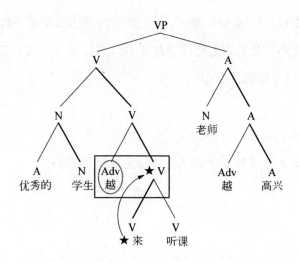

b. (6b) で越（yue）と「优秀（優秀）」は意味関係を持たない

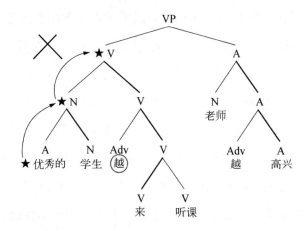

　また、(12a) のように、(7) を「より優秀な学生が授業を聞きに来る（と先生がよりうれしい）」と解釈できるのは、越（yue）と「优秀（優秀）」が直接 Merge し、その 2 つが持つそれぞれの素性は削除され、その間の意味関係が作られるからである。それに対して、(12b) では、「来る」が持つ素性は上に継承されていくが、越（yue）が持つ素性は継承されず、その 2 つは出会えないため、どちらも削除されず残ってしまう。よって、「来る」は越（yue）によって修飾されない。

(12) (7) の場合

a. 越（yue）と「优秀（優秀）」は意味関係を持つ

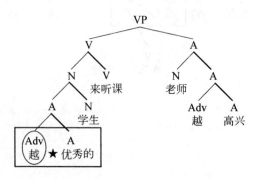

b.　越（yue）と「来る」は意味関係を持たない

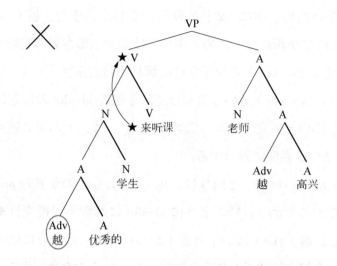

　　以上に示してきたように、越（yue）とその被修飾語の間における意味
関係は、その2つがペアとなる素性をそれぞれ持ち、また、片方の素性が継
承されるという方法で捉えることができる。この考え方は、越（yue）とそ
の被修飾語がsister関係を持たない場合に対処できるうえ、越（yue）構文で
越（yue）の被修飾語になる一般的な条件も説明することができる。次節では、
さらに統語意味論のアプローチで分析を紹介していく。

2.2.2.2　具体的な分析

2.2.2.2.1　越（yue）の形式とtarget素性の追加

　　上記の考え方に従い、Lexiconにおける越（yue）の形式を、(13)のよう
に表記しておく。

(13)　Lexiconにおける越（yue）の形式

[{Z, $\boxed{+\,V}$ }, < $\bullet$ <<target>> , {<_, 越 >}>, 越][1]

---

① 2.3.2.2節でNumerationにおける越（yue）の形式を提示する。

ここで、越（yue）そのものの統語範疇が何であるかは、統語操作に影響を及ぼさないため、単に「Z」と仮定しておく。また、越（yue）は動詞か形容詞の前にしか現れないため、本書では動詞と形容詞の範疇をどちらも「V」と見なし、越（yue）の統語素性に解釈不可能素性「＋V」があると考える。さらに、越（yue）という語彙は意味素性の id-slot の位置に● _{<<target>>} という素性を持つと仮定するが、この● _{<<target>>} は、上の節で述べたような越（yue）が持つ○素性に該当する。

　「可爱（かわいい）」と同様に、越（yue）も他の要素の property を記述する表現であるため、(13) のように id-slot に解釈不可能素性●を持っている。ただし、越（yue）は、「可爱（かわいい）」のように隣接する要素と Merge し、直接意味関係を作るとは限らない。そのため、単なる●と区別するように、越（yue）の id-slot を● _{<<target>>} と表記しておく。また、形容詞「可爱（かわいい）」の property の書き方 <可爱, _> とは異なり、越（yue）の property は、<_, 越>のように表記する。これは、他の副詞の書き方と同様に、何かのスケール（underspecified "_"）に対して、その値（value）が「越」であるという意味を表している。

　越（yue）構文において、特に越（yue）とその被修飾語が sister 関係を持たない場合について、(8a) を例に考える。(8a) では、越（yue）が関わる意味表示が、最終的に (14) のようになっていれば、「より難しい課題」という解釈ができる。

(8)　a.　老师 越 选 难 （的）课题，学生 越 辛苦。
　　　　先生 より 選ぶ 難しい （の）課題 学生 より 苦労する
　　　　先生がより難しい課題を選ぶと、学生がより苦労する。

(14)　<x2, [{Z},<u><̲ ̲x̲5̲,̲ ̲{̲<̲ ̲难̲ ̲,̲ ̲越̲ ̲>̲}̲></u>, 越]>[1]

　　(14) では、(13) において越（yue）の id−slot の ● <<target>> が x5 に、property の attribute である underspecified "_" が「难」に置き換えられている。<x5, {< 难 , 越 >}> は、x5「课题（課題）」という OBJECT について、その「难（難しさ）」は「越（より）」であるという意味を表している。この表示が、(8) の解釈で「より難しい」という部分の意味と対応している。

　　このように意味表示が作られると、越（yue）と「難しい」は隣接しなくてもその間の関係が確認できる。ただし、(14) の表示を得るには、越（yue）に「課題（x5）」と「难（難しい）」という 2 つの情報を引き連れてくる要素が必要である。

　　そこで、このような越（yue）の要求を満たすため、「Lexicon で property の中の value が未指定のままになっている語彙項目に対しては、Numeration においてなんらかの統語素性が追加される」と仮定する。この素性は、いわば 2.2.1 節の (10) で述べた素性★のことである。仮にこの素性を target 素性と呼び、(15) の形式を持つとする。

(15)　target 素性の形式
　　　　<xn, [{..., $\boxed{\text{<target}, <\beta ,\{<\alpha , \_>\}>>}$ }, ... , ...]>

　　たとえば、「难（難しい）」は (16) のように、Lexicon で property の中の value が未指定になっているため、Numeration においては、(17) のように target 素性が追加される。

(16)　Lexicon における「难（難しい）」の形式

---

[1]　Lexicon において越（yue）が持つ統語素性「＋V」は、(14) の意味素性が出る際には、越（yue）は動詞「選ぶ」と Merge することによりなくなる。

[{V}, < ● ,{ < 难 , _>}>, 难]

(17)　Numeration において「难（難しい）」に target 素性が追加される

<x4, [{V, <target, < ● , {< 难 , _>}>> }, < ● ,{ < 难 , _>}>, 难]>

　　(17) で、target 素性の < ● ,{< 难 , _>}>は、「難しい」という語彙項目の id−slot の●と、値（value）が空のままの property<α , _> をコピーしたものである。つまり、これは (18) のような操作である。

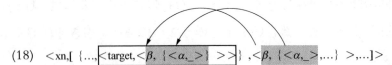

(18)　<xn,[{...,<target,<β, {<α,_> >>} },<β, {<α,_>,...} >,...]>

　このように、語彙項目が Lexicon で何らかの素性を持っていなくても、Numeration に入った際に、他の語彙項目（ここでは、越（yue））の要請により、素性が追加されるということがあると考えている。[①] また、どの語彙項目に素性を追加するかも、要請する語彙項目側によって決められる。以上のことを踏まえると、上で語彙項目「难（難しい）」に target 素性が追加されるのは、越（yue）は <_, 越 > という property を持ち、その意味が定まるには、<α , _> という property の value が空のままの語彙項目と意味の合成をする必要があるからである。[②]

　　一方で、(8a) の Numeration で「难（難しい）」に素性が追加されず、「选（選ぶ）」に target 素性が追加される場合もある。「选（選ぶ）」を含む多くの動詞は、それ自身に「量、回数」などの度合いが含まれており、Lexicon で

---

① Numeration の際に素性が追加されるという考え方は、Minimalist Program でも同様である。たとえば、be 動詞は、数の一致により、Numeration において、[三人称単数] などの素性が追加され、「is」に変わることがある。

② システム的に説明するとこのようなことになるが、よりわかりやすく言えば、越（yue）は、「难（難しい）」のように、それによって修飾されうる要素と意味関係を作る必要があるということである。

デフォルト的に <Degree, _> という property を持っていると考えられる。[①]
この property の value が未指定になっているため、越（yue）の要請により、「选
（選ぶ）」に target 素性が追加される可能性がある。つまり、(8a) で越（yue）
は「选（選ぶ）」を修飾することができる。

　実際に、(8a) では、越（yue）が「难（難しい）」を修飾するか「选（選ぶ）」
を修飾するかが曖昧である。ここでは、上記のように、Numeration で target
素性がどちらに追加されるかを考えることにより、この問題を解決できる。
つまり、Numeration で「难（難しい）」に target 素性が追加される場合、(8a)
は「先生がより難しい課題を選ぶと、学生がより苦労する」という解釈にな
り、Numeration で「选（選ぶ）」に target 素性が追加される場合、(8a) は「先
生が難しい課題をより（たくさん）選ぶと、学生がより苦労する」という解
釈になる。[②]

2.2.2.2.2　2つの素性の照合

　(8a) において「难（難しい）」に target 素性が追加されるとする。前述
したように、この target 素性は、いわば前述した素性★のことである。

---

① 動詞には、「「死（死ぬ）、吃完（食べ終わる）、姓（名前が…という）」などのように、Degree
　を持たない動詞もあると考えられる。これらの動詞はデフォルトとして <Degree, _> という
　property を持っていないとする。よって、target 素性はこれらの動詞には追加されない。後述す
　るように、越（yue）が持つ素性は target 素性によって削除されてはじめて、越（yue）とそれに
　修飾される要素の意味関係が確認される。そのため、この target 素性を持てない動詞は当然越
　（yue）によって修飾されないことになる。実際に、これらの動詞は越（yue）によって修飾され
　ない。
(i)　★杀人犯　越　死，　老百姓　越　　高兴。
　　殺人犯　より　死ぬ　市民　より　喜ぶ
　　殺人犯がより死ぬと、市民はより喜ぶ。
② どちらの解釈のほうがより優位であるかという問題については、世界知識や文脈と関連しており、
　本書では議論しない。

(10) ★が target 素性に該当する

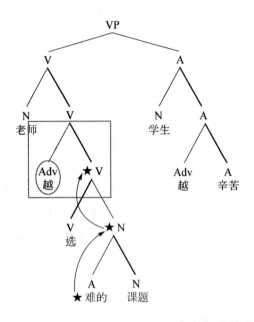

　(10) のように、target 素性は、越 (yue) が持つ素性とチェックされるために、上位の構成素に継承されていかなければならない。そこで、target 素性を (19) のように、Merge の際に主要部からも非主要部からも上位の構成素に継承されるとすると、越 (yue) が必要とする情報を持ち込むことができるようになる。

(19)　解釈不可能素性 <target, <β ,{ <α , _>}>> の継承規定
　　非主要部からも継承される。
　　target 素性が関わる部分の Merge について、具体例を以下に示す。(20)の Numeration から、まず (20d) と (20e) が Merge した結果、(21) の結果物が得られる。

(20) target 素性が「难（難しい）」に追加される場合の Numeration

    a.   <x1, [{N},<x1, {<Kind, 老师 >}>, 老师]>

    b.   <x2, [{Z, $\boxed{+\ V}$ }, < $\boxed{\bullet_{\ <<target>>}}$, {<_, 越 >}>, 越]>

    c.   <x3, [{V}, <x3, {<Kind, 选 >, <Agent, $\boxed{\bigstar_{[RH]}}$ >, <Theme, $\boxed{\bigstar_{[LH]}}$ >,
<Degree, _>}, 选]>

    d.   <x4, [{V, $\boxed{<target, <\ \bullet\ , \{<\ 难 ,\ \_>\}>>}$ }, < $\boxed{\bullet}$,{ < 难 , _>}>, 难]>

    e.   <x5, [{N}, <x5, {<Kind, 课题 >}>, 课题]>

(21) Merge base= {(20a), (20b), (20c), (20d), (20e)…}

   (20d)   <x4, [{V, $\boxed{<target, <\ \bullet\ , \{<\ 难 ,\ \_>\}>>}$ }, < $\boxed{\bullet}$,{ < 难 , _>}>, 难]>

   (20e)   <x5, [{N},<x5,{<Kind, 课题 >}>, 课题]>

⇒ RH−Merge

   <x5, [{N, $<target, <\ x5\ , \{<\ 难 ,\ \_>\}>>$ }, <x5, {<Kind, 课题 >}, <

      <x4, [{V}, < x5 ,{ < 难 , _>}>, 难]>   x5

      <x5, [{N}, φ , 课题]>   /\

   >]>   x4   x5

                                    难   课题

   (21) では、x4 の id-slot における●は Merge によって、Merge 相手の指標番号 x5 に置き換えられる。このとき、もともと x4 が持つ target 素性は、その上位構成素となる x5 に継承され、x5 が target 素性を持つことになる。

   (21) は x3 と Merge し、target 素性は x3 に継承される。

(22) Merge base = {(20a), (20b), (20c), (21)…}

   (20c)<x3, [{V},<x3, {<Kind, 选 >, <Agent, $\boxed{\bigstar_{[RH]}}$ >, <Theme, $\boxed{\bigstar_{[LH]}}$ >}>,
选]>

(21)<x5, [{N, <target, <x5, {< 难，_>}>> },<x5, {<Kind, 课题 >},<

<x4, [{V}, <x5,{ < 难 , _>}>, 难]>

<x5, [{N}, ϕ, 课题]>

>]>

⇒ LH−Merge

<x3, [{V, <target, <x5, {< 难，_>}>> },<x3, {<Kind, 选 >, <Agent, ★[RH]

>, <Theme, x5 >},<

<x3, [{V}, ϕ, 选]>

<x5, [{N}, <x5,{<Kind, 课题 >}>,<

<x4, [{V}, <x5,{ < 难 , _>}>, 难]>

<x5, [{N}, ϕ, 课题]>

>]>

>]>

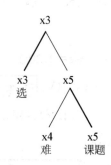

次に、(20b) の越（yue）と (22) が Merge するが、下記のように、
● <<target>> 素性と target 素性がチェックされ、削除される。

(23)   ● <<target> 素性と target 素性の照合規定

<xn, [{...}, < ● <<target>> , {<_, γ >, ...}>, body1]>

<xm, [{..., <target, <β ,{<α , _>}>> }, ... , body2]>

⇒ RH−Merge

<xm, [{...}, ..., <

<xn, [{...}, < β , {< α , γ >, ...}>, body1]>

<xm, [{...}, ϕ, body2]>

>]>

この照合により、● <<target>> 素性を持つ語彙項目の id−slot と、その

property の未指定になっていた attribute のそれぞれの値が、target 素性が引き連れてきた β と α によって決定される。この操作により、● <<target>> 素性と target 素性も削除される。(24) は、この操作を具体的に示している。

(24)　Merge base = {(20a), (20b),(22)…}

　　(20b)<x2, [{Z, $\boxed{+ \text{ V}}$ }, < $\boxed{● _{<<target>>}}$, {<_, 越 >}>, 越]>

　　(22)<x3, [{V, $\boxed{\text{<target, <x5, {< 难 , \_>}>>}}$ }, <x3, {<Kind, 选 >, <Agent, $\boxed{★ _{[RH]}}$ >, <Theme, x5>},<

　　　　<x3, [{V}, ϕ , 选]>

　　　　<x5, [{N}, <x5, {<Kind, 课题 >}>, <

　　　　　　<x4, [{V}, <x5, {< 难 , _>}>, 难]>

　　　　　　<x5, [{N}, ϕ , 课题]>

　　　　>]>

　　>]>

$\Rightarrow$ RH−Merge

　　<x3, [{V }, <x3, {<Kind, 选 >, <Agent, $\boxed{★ _{[RH]}}$ >, <Theme, x5>},<

　　　　<x2, [{Z}, < x5 ,{ < 难 , 越 >}>, 越]>

　　　　<x3, [{V}, ϕ , <

　　　　　　<x3, [{V}, ϕ , 选]>

　　　　　　<x5, [{N}, <x5, {<Kind, 课题 >}>, <

　　　　　　　　<x4, [{V}, <x5, { < 难 , _>}>, 难]>

　　　　　　　　<x5, [{N}, ϕ , 课题]>

　　　　　　>]>

　　　　>]>

　　>]>

(24) のように●_{\<\<target\>\>} 素性と target 素性が照合されることによって、x2 のid−slotがx5に決まる。また、propertyのattributeが「难」に置き換えられ、「x5 の難しさが越である」という意味が生じる。これが、(8a)で越（yue）が「难 （難しい）」を修飾する解釈と対応している。これがまた(20a)の「老师（先 生）」とMergeすると、(25)のようになり、(8a)における「先生がより難し い課題を選ぶと」という部分の意味と構造が表し出される。

(25)　Merge base = {(20a), (24)…}

　　　(20a)$<$x1, [{N},$<$x1, {$<$Kind, 老师 $>$}$>$, 老师]$>$

　　　(24) 略

$\Rightarrow$ RH−Merge

　　　$<$x3, [{V},$<$x3, {$<$Kind, 选 $>$, $<$Agent, x1 $>$, $<$Theme, x5$>$}$>$,$<$

　　　　　$<$x1, [{N}, $<$x1, {$<$Kind, 老师 $>$}$>$, 老师]$>$

　　　　　$<$x3, [{V},$<$x3, ϕ ,$<$

　　　　　　　$<$x2, [{Z}, $<$x5,{ $<$难 , 越 $>$}$>$, 越]$>$

　　　　　　　$<$x3, [{V},$<$x3, ϕ ,$<$

　　　　　　　　　$<$x3, [{V}, ϕ , 选]$>$

　　　　　　　　　$<$x5, [{N}, $<$x5, {$<$Kind, 课题 $>$}$>$, $<$

　　　　　　　　　　　$<$x4, [{V}, $<$x5, { $<$难 , _$>$}$>$, 难]$>$

　　　　　　　　　　　$<$x5, [{N},ϕ , 课题]$>$

　　　　　　　　　>]>

　　　　　　　>]>

　　　　　>]>

　　　>]>

(tree diagram)
```
                    x3
                   /  \
                 x1    x3
                老师   /  \
                     x2    x3
                     越   /  \
                        x3    x5
                        选   /  \
                           x4    x5
                           难    课题
```

(26) 「先生がより難しい課題を選ぶ」のLF意味素性

<x3, {<Kind, 选 >, <Agent, x1>, <Theme, x5>}>

<x1, {<Kind, 老师 >}>

<x5,{ < 难 , 越 >}>

<x5, {<Kind, 课题 >}>

<x5, { < 难 , _>}>

(27) 「先生がより難しい課題を選ぶ」の意味表示

{<x3, {<Kind, 选 >, <Agent, x1>, <Theme, x5>}>,

<x1, {<Kind, 老师 >}>,

<x5, {<Kind, 课题 >, < 难 , 越 >}>}

また、「难（難しい）」に target 素性が追加されず、「选（選ぶ）」に
target 素性が追加されるとすれば、(28) の Numeration になる。

(28) target 素性が「选（選ぶ）」に追加される場合の Numeration

a. <x1, [{N}, <x1, {<Kind, 老师 >}>, 老师]>

b. <x2, [{Z, $\boxed{+ \text{V}}$ }, < $\boxed{\bullet \,_{<<\text{target}>>}}$, {<_, 越 >}, 越]>

c. <x3, [{V, $\boxed{\text{<target, <x3,{<Degree, _>}>>}}$ }, <x3, {<Kind, 选 >,
<Agent, $\boxed{\star}_{\text{[RH]}}$ >, <Theme, $\boxed{\star}_{\text{[LH]}}$ >, <Degree, _>}>, 选]>

　d. <x4, [{V}, < $\boxed{\bullet}$,{ < 难 , _>}>, 难]>

　e. <x5, [{N}, <x5, {<Kind, 课题 >}>, 课题]>

まず (28d) と (28e) が Merge し、(29) の結果物が得られる。

(29) Merge base = {(28a), (28b), (28c), (28d), (28e)…}

(28d)<x4, [{V}, < $\boxed{\bullet}$,{ < 难 , _>}>, 难]>

(28e)<x5, [{N}, <x5, {<Kind, 课题 >}>, 课题]>

⇒ RH−Merge

<x5, [{N}, <x5, {<Kind, 课题 >},<

    <x4, [{V}, < x5 ,{ < 难 , _>}>, 难]>

    <x5, [{N}, ϕ, 课题]>

>]>

```
        x5
       /  \
      x4    x5
      难    课题
```

　(29) の結果物が、target 素性を持っている (28c) の x3 と Merge するが、x3 のほうが主要部であるため、その 2 つが Merge しても target 素性は x3 がそのまま持っている。

(30)　Merge base = {(28a), (28b), (28c),(29)…}

    (28c)<x3, [{V, <target, <x3,{<Degree, _>}>> }, <x3, {<Kind, 选 >, <Agent, ★[RH] >, <Theme, ★[LH] >, <Degree, _>}>, 选]>

    (29)<x5, [{N}, <x5, {<Kind, 课题 >},<

        <x4, [{V}, < x5 ,{ < 难 , _>}>, 难]>

        <x5, [{N}, ϕ, 课题]>

    >]>

⇒ LH−Merge

<x3, [{V, <target, <x3,{<Degree, _>}>> }, <x3, {<Kind, 选 >, <Agent, ★[RH] >, <Theme, x5 >, <Degree, _>}>, <

    <x3, [{V}, ϕ, 选]>

    <x5, [{N},<x5, {<Kind, 课题 >}>,<

        <x4, [{V}, <x5,{ < 难 , _>}>, 难]>

        <x5, [{N}, ϕ, 课题]>

    >]>

```
            x3
           /  \
          x3    x5
          选   /  \
              x4    x5
              难    课题
```

>]>

(31)　Merge base = {(28a), (28b), (30)…}

(28b)<x2, [{Z, ⊞+ V }, < ⬤ _{<target>} , {<_, 越 >}, 越]>

(30) 略

⇒ RH−Merge

<x3, [{V}, <x3, {<Kind, 选 >, <Agent, ▭[RH] >, <Theme,x5>, <Degree,
_>}>, <

　　<x2, [{Z}, < x3 , {< Degree , 越 >}>, 越]>

　　<x3, [{V}, φ ,

　　　　<x3, [{V}, φ , 选]>

　　　　<x5, [{N},<x5, {<Kind, 课题 >}>,<

　　　　　　<x4, [{V}, <x5,{ < 难 , _>}>, 难]>

　　　　　　<x5, [{N}, φ , 课题]>

　　　　>]>

　　>]>

>]>

(32)　Merge base = {(28a), (31)…}

(28a)<x1, [{N}, <x1, {<Kind, 老师 >}>, 老师]>

(31) 略

⇒ RH−Merge

<x3, [{V}, <x3, {<Kind, 选 >, <Agent, x1 >, <Theme,x5>, <Degree,
_>}>, <

　　<x1, [{N}, <x1, {<Kind, 老师 >}>, 老师]>

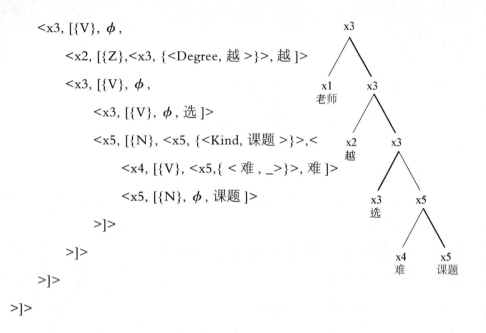

<x3, [{V}, φ,

    <x2, [{Z},<x3, {<Degree, 越 >}>, 越]>

    <x3, [{V}, φ,

        <x3, [{V}, φ, 选]>

        <x5, [{N}, <x5, {<Kind, 课题 >}>,<

            <x4, [{V}, <x5,{ < 难 , _>}>, 难]>

            <x5, [{N}, φ, 课题]>

        >]>

      >]>

    >]>

>]>

(33)　「先生が難しい課題をより選ぶ」の LF 意味素性

<x3, {<Kind, 选 >, <Agent, x1>, <Theme,x5>, <Degree, _>}>

<x1, {<Kind, 老师 >}>

<x3, {<Degree, 越 >}>

<x5, {<Kind, 课题 >}>

<x5,{ < 难 , _>}>

(34)　「先生が難しい課題をより選ぶ」の意味表示

{<x3, {<Kind, 选 >, <Agent, x1>, <Theme,x5>, <Degree, 越 >}>,

<x1, {<Kind, 老师 >}>,

<x5, {<Kind, 课题 >, < 难 , _>}>}

　　このように考えれば、(6) では、(6a) の解釈はできるが、(6b) の解釈ができないという事実も説明できる。

(6) 优秀 的 学生 │越│ 来 听课, 老师 │越│ 高兴。

優秀 の 学生 より 来る 授業を聞く 先生 より 喜ぶ

a. ᵒᵏ優秀な学生がより(頻繁に)授業を聞きに来ると、先生はより喜ぶ。

b. *より優秀な学生が授業を聞きに来ると、先生はより喜ぶ。

つまり、「来る」が target 素性を持つ場合、文は容認可能であるが、「優秀」が target 素性を持つ場合には容認できないということである。この容認性の差は、次の (35) と (36) が示すように、● <<target>> 素性と target 素性が照合され、解釈不可能素性を消せるかどうかによるものである。

(35) では、● <<target>> 素性と target 素性が照合でき、2 つともうまく取り除かれるため、文法的な出力となる(つまり (35) では、解釈不可能素性 ★ [RH] は、その後 x2「学生」と Merge する際に削除されるため残らない)。よって、越(yue)が「来る」を修飾する解釈ができる。

(35) (6) で「来る」が target 素性を持つ場合

$\langle$x3, [{Z, $\boxed{+V}$ }, $\langle \boxed{\bullet_{<<target>>}}$, {<_, 越 >}>, 越]$\rangle$

$\langle$x4, [{V, $\boxed{<target, <x4,\{<Degree, \_>\}>>}$ }, $\langle$x4, {<Kind, 来 >, <Agent, $\boxed{\bigstar_{[RH]}}$ >, <Degree, _>}, 来]$\rangle$

$\Rightarrow$ RH−Merge

$\langle$x4, [{V}, $\langle$x4, {<Kind, 来 >, <Agent, $\boxed{\bigstar_{[RH]}}$ >, <Degree, _>}, $\langle$

$\langle$x3, [{Z}, < x4 , {< Degree , 越 >}>, 越]$\rangle$

$\langle$x4, [{V}, ϕ, 来]$\rangle$

$\rangle$]$\rangle$

それに対して、(36) では、x4 に target 素性が含まれておらず、x3 と Merge する際に ● <<target>> 素性と target 素性が照合できないため、● <<target>>

素性が残ってしまう。一旦 (36) のように● _{<<target>>} 素性が Merge の結果物の中（RH–Merge 後の 2 行目）に取り込まれると、● _{<<target>>} には再度操作を及ぼすことができないため、解釈不可能素性が残ってしまい、出力は非文法的になる。よって、越（yue）が主語名詞句内にある「优秀（優秀）」を修飾する解釈ができない。

(36)　(6) で「優秀」が target 素性を持つ場合（「来る」が target 素性を持っていない）

　　<x3, [{Z, $\boxed{+\ V}$ }, < $\boxed{● _{<<target>>}}$, {<_, 越 >}>, 越]>

　　<x4, [{V}, <x4, {<Kind, 来 >, <Agent, $\boxed{\star_{[RH]}}$ >, <Degree, _>}, 来]>

⇒ RH–Merge

　　<x4, [{V}, <x4, {<Kind, 来 >, <Agent, $\boxed{\star_{[RH]}}$ >, <Degree, _>}, <

　　　　<x3, [{Z}, < $\boxed{● _{<<target>>}}$, {<_, 越 >}>, 越]>

　　　　<x4, [{V}, ϕ , 来]>

　　>]>

　以上示してきたように、(6)–(8) のような事実は、「越（yue）が持つ解釈不可能素性● _{<<target>>} は、長距離にわたって継承される target 素性によって消される」と仮定することで説明される。

2.3　比較相関構文の構造条件

2.3.1　説明対象となる現象

　2.2.1 節では越(yue)構文において、越(yue)が様々な位置（主語名詞句内、述語前、目的語名詞句内、補語内）に生起できることを紹介した。このほかに、越（yue）構文は語順（Subj V Obj か Obj Subj V か）や、文全体が単文

か複文かというような点においてもバリエーションを見せている。上記 3 つ
の側面によって、越（yue）構文には次の (37)、(38) に示すようなパターン
が見られる。[①]

(37)　単文の場合 [②]

　　a.　^{ok}[$_{節}$　　[$_{Subj}$…越…]　越 V　[$_{Obj}$……]　　] （ Subj V Obj の語順 ）

　　b.　*[$_{節}$　　[$_{Subj}$……　]　越 V　[$_{Obj}$…越…]　] （ Subj V Obj の語順 ）

　　c.　^{ok}[$_{節}$ [$_{Obj}$…越…],[$_{Subj}$……　]　　越 V　] （ Obj Subj V の語順 ）

(38)　複文の場合 [③]

[①]　Subj Obj V 語順について、ここでは特に議論しないことにする。

[②]　[$_{節}$ [$_{Obj}$……], [$_{Subj}$…越…]越 V] というパターンは容認されるが、これは、特に越（yue）構文の特徴
を反映しているものでもないため、本文の中では、詳しく述べないことにする。

(i)　股票, [$_{Subj}$越　有钱　　　的人]　越　　　愿意　　买。
　　株　　 より お金持ち　の　人　 より　-たがる　 買う
　　株は、よりお金持ちの人が、より買いたがる。

　　また、「[$_{節}$[$_{Subj}$…越…]　V　[$_{Obj}$…越…]]」というパターンの越（yue）構文については、話者は「意
味は通じるが、少し不自然な文である」と指摘しているため、本書では触れないことにする。

(ii)　a.　??[$_{Subj}$越　 年轻 的 老师]　喜欢　出　[$_{Obj}$越　 难 的　 课题]。
　　　　　　 より　若い の 先生　 好き 出す　 より 難しい の　 課題
　　より若い先生がより難しい課題を出すのが好きだ。

　　　b.　??[$_{Subj}$越　年轻 的 老师]　认为 [$_{Obj}$考试时 应该 出 越　难　 的　课题]。
　　　　　　　より　若い の 先生　 思う 試験とき べき 出 すより難しい の　課題
　　　　　より若い先生は、試験の時により難しい課題を出すべきだと思っている。

[③]　次の 2 パターンの越（yue）構文は容認できる。(38d) と比べ、この 2 パターンは単に前件の目的語
が前置されているだけであり、本文の中では特に取り上げないことにする。

(i)　^{ok}[$_{節}$[$_{Obj}$……][$_{Subj}$ …越…]V] , [越…越…]
　　车, [$_{Subj}$越　有钱 的 人] 买, 越　 在乎　　 品牌。
　　車　　 より お金持ち の 人 買う より 気にする　ブランド

　　車は、よりお金持ちの人が買うと、よりブランドを重視する。

a. $^{ok}[_{節}[_{Subj}\cdots$ 越 $\cdots]$ V $[_{Obj}\cdots]$], $[_{節}\cdots$ 越 $\cdots]$ (Subj V Obj の語順)

b. $^{ok}[_{節}[_{Subj}\cdots\cdots]$ 越 V$[_{Obj}\cdots\cdots]$], $[_{節}\cdots$ 越 $\cdots]$ (Subj V Obj の語順)

c. $^{ok}[_{節}[_{Subj}\cdots\cdots]$ V $[_{Obj}\cdots$ 越 $\cdots]$], $[_{節}\cdots$ 越 $\cdots]$ (Subj V Obj の語順)

d. $^{*}[_{節}[_{Obj}\cdots$ 越 $]$ $[_{Subj}\cdots\cdots]$V], $[_{節}\cdots$ 越 $\cdots$] (Obj Subj V の語順)

以下では、これらのパターンの特徴とそれが反映されている例文を示していく。

まず、越 (yue) 構文が単文で、1 つの越 (yue) が主語名詞句内にあり、もう 1 つの越 (yue) が述語の前にある場合は容認できる。

(39) =(37a) のパターン

a. $^{ok}[_{Subj}$ 越　漂亮　的　女孩] 越　喜欢　$[_{Obj}$买　包]。
　　　より　きれいな　の　女の子　より　好き　買う　鞄
　　　よりきれいな女の子がより鞄を買うのが好きだ。

b. $^{ok}[_{Subj}$ 成绩　越　好　的　学生]　越　谦虚。
　　　成績　より　よい　の　学生　より　謙虚
　　　成績がよりよい学生は、より謙虚である。

これに対して、1 つの越 (yue) が目的語名詞句内にあり、もう 1 つの越 (yue) が述語の前にある場合は容認できない。

(40) =(37b) のパターン

a. $^{*}[_{Subj}$张三]　越　喜欢　买　$[_{Obj}$越　贵　的　东西]。

(ii) $^{ok}[_{節}[_{Obj}\cdots\cdots][_{Subj}\cdots\cdots]$ 越 V] , $[_{節}\cdots$ 越 $\cdots]$

老房子，张三　越　积极　卖，妈妈　越　生气。
古屋　　張三　より　積極的に　売る　お母さん　より　怒る
古屋は、張三がより積極的に売ると、お母さんがより怒る。

張三　　より　好き　買う　より　高い　の　もの

張三はより高いものを買うのがより好きだ。

cf. ^{ok}[_{Subj} 张三]　喜欢　买　[_{Obj} 贵　的　东西]。

張三　　好き　買う　高い　の　もの

張三は高いものを買うのが好きだ。

b.　★[_{Subj} 老板]　越　重视 [_{Obj} 越　有才华　的　员工]。

社長　　より　重視する　より　才能のある　の　社員

社長はより才能のある社員をより重視する。

cf. ^{ok}[_{Subj} 老板]　重视　[_{Obj} 有才华　的　员工]。

社長　重視する　才能のある　の　社員

社長は才能のある社員を重視する。

　(40)では、cfのように越(yue)が含まれない文は自然であるが、越(yue)が付け加えられた文はなぜか容認されない。ところが、(40)の目的語名詞句は、(41)のように文頭にある場合には容認される。

(41)　=(37c)のパターン

a.　^{ok}[_{Obj} 越　贵　的　东西]，[_{Subj} 张三]　越　喜欢　买。

[(40a)と対比]

より　高い　の　もの　　張三　　より　好き　買う

より高いものは、張三がより好きだ。

b.　^{ok}[_{Obj} 越　有才华　的　员工]，[_{Subj} 老板]　越　重视。

[(40c)と対比]

より　才能のある　の　社員　　社長　　より　重視する

より才能のある社員は、社長はより重視する。

また、越(yue)構文が複文で、「Subj V Obj」語順になっている場合に、

越(yue)が主語名詞句内（ (42a) ）、述語前（ (42b) ）、及び目的語名詞句内（ (42c) ）のいずれにあっても、越（ yue ）構文は容認される。

(42)　a.　=(38a) のパターン

ok[Subj 越　　漂亮　　的　　　女孩]　　表演　　　[Obj 节目]，　　观众
　　　　より　　きれい　　の　　　女の子　　演じる　　　出し物　　　観客

的　　　反应　　越　　　热烈。
の　　　反応　　より　　あつい

よりきれいな女の子が出し物を演じると、観客の反応がよりよい。

　　　b.　=(38b) のパターン

ok[Subj 老师]　　　越　　表扬　　　[Obj 张三]，张三　　　越　　　努力。
　　　先生　　　より　　ほめる　　　張三　　張三　　より　　努力する
　　　先生がより張三をほめると、張三はより努力する。

　　　c.　=(38c) のパターン

ok[Subj 张三]　买　[Obj 越　贵　　的　东西]，老师　　越　　生气。
　　　張三　買う　より　高い　の　もの　　先生　　より　　怒る
　　　張さんがより高いものを買うと、先生はより怒る。

しかし、越（ yue ）が目的語名詞句内に含まれる複文で、「Obj Subj V」語順の場合は容認されない。[1]

(43)　=(38d) のパターン

　　　a.　*[Obj 越　贵　　的　东西] [Subj 张三]　买，老师　　越　　生气。
　　　　　より　高い　の　もの　　　張三　　買う　先生　より　怒る
　　　　　より高いものを張三が買うと、先生はより怒る。

---

[1]　この現象は E (2014) によって観察されている。

b. *[Obj越　　漂亮　的　　女孩]　[Subj张三]　　　追,　　　就
　　より　きれい　の　女の子　　張三　追いかける　すると

会　　送　[越　多　的　花]。
Aux　送る　より　多く　の　花

よりきれいな女の子を張三が追いかける時は、より多くの花を
贈る。

しかし、本来、中国語において複文で「Obj　Subj　V」語順はもともと
許される。

(44)(43a) と比較

a.　虽然　[Obj贵　的　东西]　[Subj张三]　　　买不起,　　　但
　　けど　高い　の　もの　　張三　買り‐できない　しかし

他　会　做　　蛋糕。
彼　Aux　作る　ケーキ

高いものは買えないが、張三はケーキが作れる（のでプレゼント
にはこまらない）。

b.　他　　知道　[obj贵　的　东西]　[Subj张三]　　买不起。
　　彼　知っている　高い　の　もの　　張三　買り‐できない

彼は、高いものを張三は買えないと知っている。

(45)(43b) と比較

a.　虽然　[Obj漂亮的女孩]　[Subj张三]　経常　見,　但
　　けど　きれいな女の子　　張三　よく　見る　しかし

这么　　漂亮的　　还是　　头一次。
こんなに　きれい　やはり　はじめて

きれいな女の子は張三はよく見ているが、こんなにきれいな子は初めてだ。

b. 　他　　　知道　[Obj 漂亮　的　　女孩]　[Subj 张三]　経常　　见。
　　　彼　知っている　きれい　の　　女の子　　　張三　　よく　見る
　　　きれいな女の子を張三はよく見ていると彼は知っている。

　このように、「Obj　Subj　V」語順の複文は容認される。しかし、(43) のように「Obj　Subj　V」語順の複文に越 (yue) が絡むと、容認されなくなる。この事実は越 (yue) 構文が持つ何らかの構造特徴を示している可能性が高い。

　以上、越 (yue) 構文のさまざまなパターンを見てきた。そのバリエーションを、ここに再度提示しておく。

(37)　単文の場合

　　a.　ok[節　　　[Subj …越…] 越 V [Obj …… 　　]] （Subj V Obj の語順）
　　b.　*[節　　　[Subj …… 　] 越 V [Obj …越…]] （Subj V Obj の語順）
　　c.　ok[節　　　[Obj 越…], [Subj ……] 越 V 　　] （Obj Subj V の語順）

(38)　複文の場合

　　a.　ok[節 [Subj …越…] V 　　[Obj … 　]], [節 …越…]（Subj V Obj の語順）
　　b.　ok[節 [Subj …… 　] 越 V[Obj ……]], [節 …越…]（Subj V Obj の語順）
　　c.　ok[節 [Subj …… 　] V 　[Obj …越…]], [節 …越…]（Subj V Obj の語順）
　　d.　*[節 [Obj …越…] [Subj ……]V 　　], [節 …越…]（Obj Subj V の語順）

　なぜ (37) と (38) に示すような容認性の違いがあるのだろうか。これは、越 (yue) 構文のどのような構造特徴を反映しているのだろうか。次節では、この問題に対する本書の提案を示す。

2.3.2 提案

2.3.2.1 越（yue）構文が認可される条件

先に示した越（yue）構文に見られる容認性の違いは、越（yue）構文が、必ず次のような構造をしていなければならないと仮定することにより説明できる。

(46)

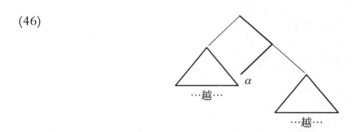

つまり、越（yue）構文は必ず、何らかの機能範疇 α を中心として構成されており、その α の両側の項それぞれに越（yue）が含まれていなければならない。(37a) のパターンはこのようになっているため、容認される。

一方、(37b) のような動詞の前と目的語の内部に越（yue）があるというパターンが容認されないのは、(47) に示すように、α の1つの項に越（yue）が含まれていないからである。ここで、α の両側2つの項がそれぞれ、いわゆる主部と述部に対応すると考える。

(47)　(37b) のパターンの構造

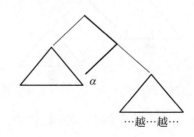

cf. *[Subj 张三] 越喜欢买 [Obj 越贵的东西]。（＝(40a)）

（張三はより高いものを買うのがより好きだ）

それに対して、目的語名詞句が文頭にある (37c) が容認されるということとは、「Obj Subj V」の語順の場合、文頭にある Obj が第 1 項で、残りの部分が第 2 項とみなしうるということである。

(48)　(37c) のパターンの構造

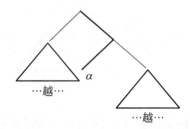

…越…　α　…越…

cf. ok[Obj 越贵的东西]，[Subj 张三] 越喜欢买。（＝(41a)）

（より高いものを、張三はより買うのが好きだ）

さらに、(38c) のような複文の場合は、前件と後件にそれぞれ越（yue）が含まれているため、容認できる。

(49)　(38c) のパターンの構造（(38a)，(38b) のパターンも同様）

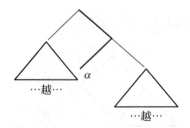

…越…　α　…越…

cf. ok[Subj 张三] 买 [Obj 越贵的东西]，老师越生气。（＝(42c)）

（張さんがより高いものを買うと、先生はより怒る）

しかし、ここまでの仮定だけでは、以下の例文の容認性の違い、特に (38d) のパターンの容認性の低さを説明することができない。

(43a)　*[_Obj 越　貴　的　东西] [_Subj 张三] 买，老师　越　生气。
　　　　　　より　高い　の　もの　　張三　買う　先生　より　怒る
　　　　　　より高いものを張三が買うと、先生はより怒る。

[(38d) のパターン]

(42c)　ok[_Subj 张三] 买 [_Obj 越　貴　的　东西]，老师　越　生气。
　　　　　　張三　買う　より　高い　の　もの　先生　より　怒る
　　　　　　張さんがより高いものを買うと、先生はより怒る。

[(38c) のパターン]

(43a) は 1 つの越（yue）が前件（文頭の名詞句）に含まれ、もう 1 つの越（yue）が後件（述語）に含まれているという点で (42c) と同様である。したがって、前件が「Subj V Obj」語順ならば容認できるが、「Obj Subj V」語順だと容認されない、ということになる。

そこで、機能範疇 α に加え、機能範疇 β の存在も仮定する。これは、越（yue）などを含まない場合の topic 構文を作り出すものであり、いわゆる Topic と Comment をそれぞれ項にとる機能範疇であるとする。

(50)　topic 構文 ①

---

① Li & Thompson (1981) は、topic を「what the sentence is about」と捉え、「a topic sets a spatial, temporal, or individual frame work within which the main predication holds」と述べている。Li & Thompson (1976, 1981) のほかに、刘、徐（1998）などさまざまな研究においても、中国語は主題優先型言語（topic-prominent language）であると述べられている。

a. [Topic 旧　　房子]，　[Comment 张三　　卖　　了]。

　　古い　　家　　　　　　張三　　売る　Asp

　　古い家は、張三が売った。

b. [Topic 那　场　火]，[Comment 幸亏　　消防队　来　得　快]。

　　あの　CL　火災　　　幸い　　消防隊　来る　De　早い

　　あの火事は、幸いなことに消防隊が早く来てくれた。

[Li & Thompson 1976: 462, 7]

(51)　a.　(50a) の構造　　　　　　b.　(50b) の構造

　　すると、(38d) の構造は (52) のようになり、β が介在していることによって、α から前件の越（yue）が見えなくなると考えると、(43a) の例文が不適格であることが説明できる。

(52)　(38d) のパターンの構造

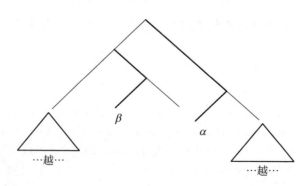

cf. *[Obj 越貴的东西][Subj 张三] 买，老师越生气。（＝(43a)）

（より高いものを张三が買うと、先生はより怒る）

これに対して、(53) の越（yue）構文は、(54) のような構造になっているため、容認される。

(53) a. ok[东西], [Subj 越 节省 的 同学] 买 [Obj ec]， 老师 越 放心。

もの より 節約する の 学生 買う 先生 より 安心する

ものは、より節約する学生が買うと、先生はより安心する。

b. ok[东西], [Subj 张三] 越 买 [Obj 贵 的]，老师 越 生气。

もの 张三 より 買う 高い の 先生 より 怒る

ものは、張三がより高いのを買うと、先生はより怒る。

c. ok[东西], [Subj 张三] 买 [Obj 越 贵 的]，老师 越 生气。

もの 张三 買う より 高い の 先生 より 怒る

ものは、張三がより高いのを買うと、先生はより怒る。

(54) (53c) の構造 （ (53a), (53b) も同様）

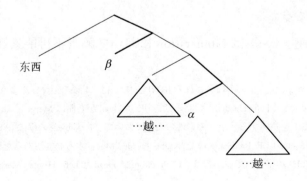

cf.　^{ok}[$_{Obj}$ 东西]，[$_{Subj}$ 张三] 买 [$_{Obj}$ 越贵的]，老师越生气。

（ものは、張三がより高いのを買うと、先生はより怒る）

(54) では、β の第 2 項の中に α の構造が埋め込まれているだけなので適格である。

以上、本節では、α と β という 2 つの機能範疇を仮定することによって、越（yue）構文の複雑なパターンが説明可能であることを示した。次節では、より正確な分析を示す。

2.3.2.2　具体的な分析

まず、機能範疇 α（F−Predication と呼ぶ）は、Numeration においてそれぞれ次のような形式になっていると仮定する。

(55)　機能範疇 α：F−Predication

<xn, [{Z, <xn, {<Subject, $\boxed{\bigstar_{\text{F−Subject, [RH]}}}$ >, <Predicate, $\boxed{\bigstar_{\text{F−Predicate, [LH]}}}$ >}>}, ϕ, ϕ]>

前述したように、F−Predication は項を 2 つとらなければならないため、(55) では、解釈不可能素性 $\bigstar$ $_{\text{F−Subject, [RH]}}$ と $\bigstar$ $_{\text{F−Predicate, [LH]}}$ をそれぞれ持つ Sujbect と Predicate が用意されている。また、これらの解釈不可能素性はそれぞれ F−Subject、F−Predicate を持つ素性とチェックすることによって、削除されると考える。①

一方で、越（yue）は Numeration において解釈不可能素性 F−Subject と

---

①　$\bigstar$ $_{\text{F−Subject, [RH]}}$ と $\bigstar$ $_{\text{F−Predicate, [LH]}}$ の中に含まれる [RH] と [LH] は、1 章で紹介したように、それぞれ「Right−Headed」と「Left−Headed」の略語であり、「Head が右側に Merge する」と「Head が左側に Merge する」を意味する。上記の素性の表記において、F−Subject の横に [RH] が並んでいるのは、F−Subject は Head（F−Predication）と Right−Headed Merge する必要があるためである。同様に、F−Predicate と [LH] が平行して並ぶのは、F−Predicate は Head と Left−Headed Merge する必要があるためである。

F-Predicate のどちらかを持たなければならないと考える。

(56) Numeration における越（yue）の形式[①]

   a. <xn, [{Z, + V, F-Subject }, < ● _{<<target>>}, {<_, 越 >}>, 越]>

   b. <xn, [{Z, + V, F-Predicate }, < ● _{<<target>>}, {<_, 越 >}>, 越]>

このように考えることで、越（yue）が F-Predication の両側に生起するように保障することができる。ただし、注意すべき点として、越（yue）が持つ F-Subject、F-Predicate は、上位構造に継承されなければならないことが挙げられる。もし F-Subject と F-Predicate が上位構造に継承されなければ、F-Predication と Merge することができず、適格な越（yue）構文は出力されないことになる。そこで、F-Subject と F-Predicate の継承規定を (57) のように考える。

(57) F-Subject と F-Predicate の継承規定：

非主要部からも継承される。（ただし、F-Subject は β を越えて継承されない）[②]

これで、Computational System において、F-Predication と F-Subject を持つ要素と最終的に Merge し、★ _{F-Subject, [RH]} は F-Subject を持つ要素の指標番号に置き換えられ、また F-Predication と F-Predicate を持つ要素と最終的に Merge し、★ _{F-Predicate, [LH]} は F-Predicate を持つ要素の指標番号によって置き換えられれば、適格な越（yue）構文が出力される。解釈不可能素性

[①] 前述したように、語彙項目は Numeration において他の語彙項目の要請により素性を追加されることがある。F-Subject と F-Predicate はそれに該当する素性であり、越（yue）は Numeration の段階でそのどちらかを持たなければならない。また、F-Subject を持つ要素は最終的に NP であってもよいが、F-Predicate を持つ要素は最終的に NP であってはならない。

[②] 「F-Subject は β を越えて継承されない」という制限は (52) の観察によるものである。

★ F–Subject, [RH]、★ F–Predicate, [LH]、F–Subject また F–Predicate の削除規定はそれぞれ以下に示しておく。

(58)　★ F–Subject,[RH] と ★ F–Predicate,[LH] の削除規定：

    a.　★ F–Subject,[RH] は F–Subject を持つ要素と RH–Merge した際に相手の指標番号に置きかえられる。

    b.　★ F–Predicate,[LH] は F–Predicate を持つ要素と LH–Merge した際に相手の指標番号に置きかえられる。

(59)　F–Subject と F–Predicate の削除規定：

    a.　F–Subject は、★ F–Subject,[RH] を置き換えたら、削除される。

    b.　F–Predicate は、★ F–Predicate,[LH] を置き換えたら、削除される。

　(58)、(59) のように 4 つ（2 ペア）の解釈不可能素性がすべて削除されれば、適格な越 (yue) 構文が出力される。ただし、1 つでも解釈不可能素性が残ってしまえば、不適格な越 (yue) 構文になってしまう。

　さらに、機能範疇 β を P–Predication と呼び、それの Numeration における形式を次のように表記する。

(60)　機能範疇 β ： P–Predication

    <xn, [{Z, <xn, {<Subject, $\boxed{★ \text{ P–Subject, [RH]}}$ >, <Predicate, $\boxed{★ \text{ P–Predicate, [LH]}}$ >}>}, ϕ , ϕ]>

　F–Predication と同様に、P–Predication における解釈不可能素性★ P–Subject, [RH] と ★ P–Predicate, [LH] も、それぞれ P–Subject と P–Predicate によって置き換えられる。ただし、P–Subject と P–Predicate は、原則的にどの語彙項目でも持つ可能性があり、文法としては制限されない。

次では、この具体的な形式を用いて、2.3.2.1 節で容認される文と容認されない文の違いを説明していく。

　まず、(40a) がなぜ容認されないのかを説明する。

(40)　a.　*[Subj 张三] 越 喜欢 买 [Obj 越 贵 的 东西]。
　　　　　張三 より 好き 買う より 高い の もの
　　　　　張三はより高いものを買うのがより好きだ。

　(61) に示すように、NP「越贵的东西（より高いもの）」は「越喜欢买（より買うのが好き）」の目的語としてそれと Merge する。その結果物が主語である「張三」と Merge した後、その全体がまた F-Predication と Merge する形式になっている。越（yue）はそれぞれ F-Subject と F-Predicate の素性を持っている（以下の樹形図では F-Subject と F-Predicate はそれぞれ F-S、F-P と略して書く）。

(61)

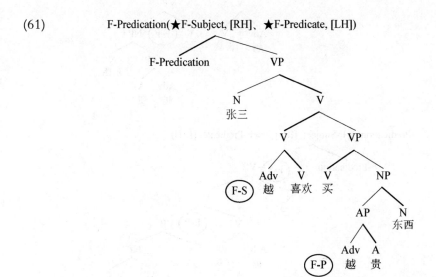

　(62)-(65) に示されているように、F-Subject 素性、F-Predicate 素性は下

位の位置から上位の構造へと継承されていく。

(62)　　　　　F-Predication(★F-Subject, [RH]、★F-Predicate, [LH])

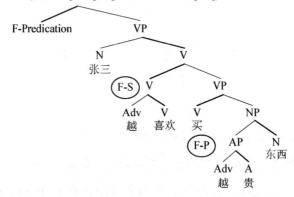

(63)　　　　　F-Predication(★F-Subject, [RH]、★F-Predicate, [LH])

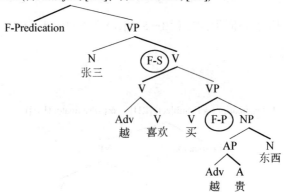

(64)　　　　　F-Predication(★F-Subject, [RH]、★F-Predicate, [LH])

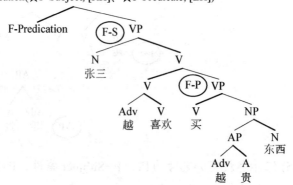

(65)

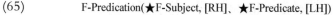

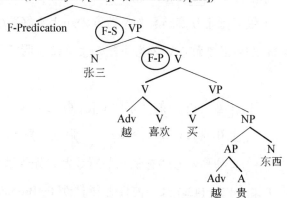

　F−Subject 素性と F−Predicate 素性は、(66) のように最も上位の VP 位置に受け渡されると、そこで、F−Predicate 素性を持つ VP は F−Predication と LH Merge でき、★ $_{\text{F−Predicate, [LH]}}$ 素性も F−Predicate 素性も削除される。ところが、F−Subject 素性も同時に持つ VP は一旦 F−Predication と Merge すると、再度 F−Predication と Merge することができないため、★ $_{\text{F−Subject, [RH]}}$ 素性も F−Subject 素性も削除されず残ってしまう。このような理由により、(40a) の例文は容認されないのである。

(66)　(40a) の樹形図

original:　*[Subj 张三] 越喜欢买 [Obj 越　贵　的　东西]。

（張三はより高いものを買うのがより好きだ）

また、(43a) が容認されないのも下記のように説明できる。

(43)　　a.　　*[Obj 越　贵　的　东西] [Subj 张三] 买，老师　　越　生气。
　　　　　　　より　高い　の　もの　　　張三　買う　先生　より　怒る
　　　　　　　より高いものを張三が買うと、先生はより怒る。

(67) に示すように、(43a) は、前件と後件が F-Predication をなし、前件の中で「越贵的东西（より高いもの）」と「张三买（張三が買う）」の間に P-Predication が生起する構造となっている。また、越（yue）が持つ F-Subject 素性と F-Predicate 素性は、越（yue）から (68)、(69) のように上位の構造へ継承される。

(67)

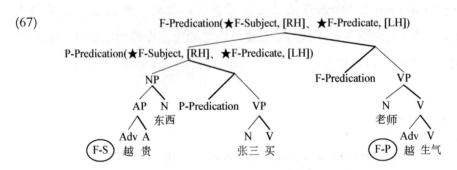

(68)

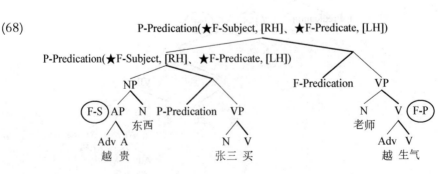

(69)

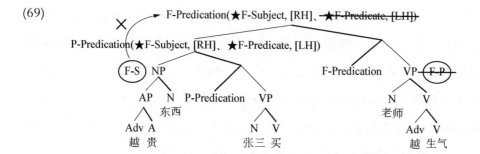

(69) で、F-Predicate は VP「先生がより怒る」の位置に継承され、そこ
で F-Predication と LH-Merge できる。この操作により、素性★ F-Predicate, [LH]
も F-Predicate も削除される。ところが、(57) の継承規定により、F-Subject
は P-Predication を越えて継承されないため、NP「越貴的东西（より高いも
の）」の位置にとどまってしまう。よって、F-Subject と ★ F-Subject, [RH] が削除
されず残ってしまう。これが (43a) が容認されない理由である。

　これらの容認できない越(yue)構文に対して、たとえば、(42c)のような、
容認できる越(yue)構文は、以下のように説明できる。

(42)　c.　^{ok}[Subj 张三] 买 [Obj 越　　貴 的 东西], 老师 越 生气。
　　　　　張三 買う より 高い の もの　　先生 より 怒る
　　　　　張さんがより高いものを買うと、先生はより怒る。

(70)

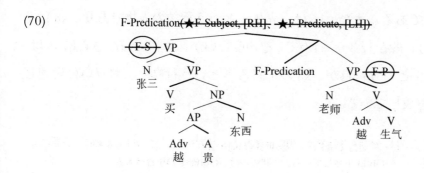

(70) では、越（yue）が持つ F–Subject 素性、F–Predicate 素性は、それ
ぞれ前件と後件のVPに継承されている。このとき、後件のVPがF–Predication
と LH–Merge すると、★ F-Predicate, [LH] と、F–Predicate が削除される。また、
前件のVPがF–Predication と RH–Merge することで、★ F-Subject, [RH] と、
F–Subject が削除される。このように、解釈不可能素性がすべて取り除かれ
るため、適格な出力となる。よって、(42c) は容認できる。

　　また、Numeration から計算していくと、(42c) の意味表示は、(71) のよ
うになる（詳しい計算過程は、Appendix の 6.1 を参照のこと）。

(71)　意味表示

　　{<x9, {<Subject,x2>, <Predicate, x8>}>

　　<x2, {<Kind, 买 >, <Agent, x1>, <Theme, x5>}>

　　<x1, {<Name, 张三 >}>

　　<x5, {<Kind, 东西 >, < 贵 , 越 >}>

　　<x8, {<Kind, 生气 >, <Theme, x6>, <Degree, 越 >}>

　　<x6, {<Kind, 老师 >}> }

　　(71) には、x1, x2, x5, x6, x8,x9 という 6 つの OBJECT が含まれている。[①]x1
は張三という名前の人物、x5 は何らかのモノであり、その高さの度合いが
「越」である。x2 は、張三が行う「買う」という行為で、その行為の対象
が x5 のモノである。また、x6 は「先生」という種類の人物であり、x8 はそ
の先生が行う「怒る」という行為で、その度合いが「越」である。さらに x9 は、
x2 の「買う」という行為が、x8 の「怒る」という行為と、お互いに関連し
ていることを表している。

---

① 　1章で述べたように、統語意味論では、現実世界の object（存在物）と区別するために、言語によ
　って表されるものを OBJECT としている。意味表示は、OBJECT の集合である。

この意味表示では、x5 が持つ＜貴，越＞と、x8 が持つ <Degree, 越＞が、直接関連するように指定されていないが、x2 と x8 が関連付けられていることにより、結びつけられる（＜貴，越＞を持つ x5 が、x2 の Theme である）。これは、まさに越（yue）構文の特徴をそのまま捉えられた意味表示となっている。次の 2.3.3 節で示すが、越（yue）が統語的に深い位置に埋め込まれても、越（yue）構文を形成することができる。＜貴，越＞と <Degree, 越＞のように、直接越（yue）が修飾する要素を、そのまま関連付けることは容易ではない。そのため、(71) で x2 と x8 を関連付けることは、妥当であると考えられる。

　また、越（yue）構文では、越（yue）が表す「より」という意味から、しばしば越（yue）が関わるものの集合が想起されやすい。たとえば、(42) では、「少し高いもの、とても高いもの、非常に高いもの……」というモノの集合、また「少し怒る、すごく怒る、非常に怒る……」という怒る度合いの集合が存在すると考えられやすい。本書では、集合が想起されやすいのは、単に越（yue）が表す「より」という意味から、推論が働いただけであり、(71) の意味表示には、そのような集合が含まれるべきではないと考えている。

　ここまで示してきたように、越（yue）と F-Predication はペアを成す素性を持ち、それらがお互いにチェックすることで削除されると仮定することにより、容認できる越（yue）構文と容認できない越（yue）構文の違いが説明されるのである。

2.3.3　越（yue）の統語位置

　2.3.2 節で「機能範疇 α（F-Predication）の両側の項に、それぞれ越（yue）がなければならない」という越（yue）構文の構造条件を見てきた。この条件さえ満たしていれば、越（yue）はそれぞれの節で統語的に深い位置に生起しても容認される。

(72)　主語

　　a.　^{ok}[越 　有名 　的 　导演], 　　越 　　认真。
　　　　　より 　有名 　の 　監督 　　より 　まじめ

　　　　より有名な監督が、より真面目だ。

　　b.　^{ok}[[越 　有名 　的 　导演] 拍 　的 　电影], 票房 　　越 　　高。
　　　　　より 有名 　の 　監督 とるの 　映画 興行収入 より 　高い

　　　　より有名な監督が撮る映画は、興行収入がより良い。

　　c.　^{ok}[[[越 　有名 　的 　导演] 拍 　的 电影] 挣 　的 　钱]
　　　　　　より 有名 　の 　監督 とるの 映画 稼ぐ の 　お金

　　　　越 　　多。
　　　　より 　多い

　　　　より有名な監督が撮る映画の収入がより多い。

　　d.　^{ok}[[越 　有名 的 　导演] 推荐 　的 演员] 担任 　　主角,
　　　　　より 有名 の 　監督 推薦する の 俳優 担当する 主役

　　　　电影 　的 　成功率 　越 　高。
　　　　映画 　の 　成功率 　より 高い

　　より有名な監督が推薦した俳優が主役を務めると、映画の成功する可能
性はより高い。

　　埋め込みの例には、以下のように、他にもさまざまなパターンがある。

(73)　目的語

　　a.　^{ok}老师 选 [越 　难 　(的) 课题], 学生 　越 　　辛苦。
　　　　先生 選ぶ より 難しい (の) 課題 学生 より 　苦労する

　　　　先生がより難しい課題を選ぶと、学生はより苦労する。

　　b.　^{ok}老师 选 　　[[越 　优秀 的 学生] 喜欢 的 课题]],

先生　選ぶ　　より　優秀　の　学生　好き　の　課題
　　　同学们　　　　越　　　有意见。
　　　同級生たち　　　より　　反対する

　より優秀な学生が好きな課題を先生が選ぶと、同級生たちはより反対
する。

c.　ᵒᵏ老师　　选 [[[越　优秀　的　　学生] 喜欢　的　　教授]
　　　先生　選ぶ　より　優秀　の　学生　好き　の　教授
　　　出版　　的　书]，　　同学们　　　　越　　　有意见。
　　　出版する　の　本　　同級生たち　　　より　　反対する

　より優秀な学生が好きな教授が出版した本を先生が選ぶと、同級生たち
はより反対する。

(74)　付加詞

a.　ᵒᵏ[越　　认真　看　书　的　　学生]　参加　　考试，
　　より　まじめ　読む　本　の　学生　参加する　試験
　　越　　容易　取得　好　成绩。
　　より　容易　とる　よい　成績

　本をより真面目に読む学生が試験を受けると、いい成績をより取りや
すい。

b.　ᵒᵏ[[越　　认真　看　书　的　学生]　提交　　的　作业]，
　　より　まじめ　読む　本　の　学生　提出する　の　　宿題
　　正确率　越　　高。
　　正答率　より　高い

　本をより真面目に読む学生が提出した宿題は、正答率がより高い。

(75) 動詞

  a. ^{ok}[[越 挑 漂亮 的 演员] 的 导演] 拍 电影，
        より 選ぶ きれい の 俳優 の 監督 とる 映画
        越 难 拍出 好 电影。
        より 難しい とる よい 映画

きれいな俳優をより選ぶ監督が映画を撮ると、いい映画を撮ることがより難しい。

  b. ^{ok}[[越 追求 知名度] 的 演员] 拍 电影，
        より もとめる 知名度 の 俳優 撮る 映画
        越 注重 和 大导演 合作。
        より 重視する と 有名な監督 合作

知名度をより求める俳優が映画を撮ると、有名な監督との合作をより重視する。

上で示したように、越（yue）構文における越（yue）は深い埋め込み節の中に生起しても、越（yue）構文は成立する。

2.3.4　越（yue）と target との距離

越（yue）は統語的に深い位置に生起してもよいが、その被修飾語との間の距離には制限があるようである。動詞の前に越（yue）が生起する場合、越（yue）は (76) のように、目的語の修飾語要素（ここでは形容詞）を修飾することができるが、(77) のように、目的語の修飾節の中に含まれた要素を修飾することができない。

(76) a. 女生 越 看 [精美 的 杂志]， 越 想 买。
       女性 より 見る おしゃれ の 雑誌 より −たい 買う
       女性はより（表紙が）おしゃれな雑誌を見ると、より買いたがる。

b. 人们 越 坐 [结实 的 船], 越 放心。
　　 人々 より 座る 丈夫 の 船 より 安心する

　　 人々は、より丈夫な船に乗ると、より安心する。

(77) a. 女生 越 看 [穿 花哨 衣服 的] 男生,
　　　 女性 より 見る 着る しゃれた 洋服 の 男性

　　 越 别扭。
　　 より 気持ち悪い

　　 女性は、[しゃれた洋服を着る男性]をより見ると、より気持ち悪
　　 くなる。

（≠女性は [よりしゃれた洋服を着る] 男性を見ると、より気持ち悪く
なる）

　　 b. 人们 越 坐 [飘 在 清澈 的 湖水 上 的 船],
　　　 人々 より 座る 漂う に 澄み渡った の 湖 上 の 船

　　 心 会 变得 越 纯净。
　　 心 Aux …に変わる より 純粋

　　 人々は、[澄み渡った湖の上に揺らぐ船]により乗ると、心がより

　　 きれいになる。

（≠人々は、「より澄み渡った湖の上に揺らぐ船」に乗ると、心がより
きれいになる）

　　 (76) と (77) の違いからわかるように、越（yue）とそれに修飾される要
素の間は時制節（Tensed Phrase）が介在することはできない。言い換えれば、
越（yue）は時制節内に含まれる要素を target としないということである。

2.4 先行研究との比較

本節では、越(yue)構文を扱った先行研究について紹介する。具体的には、曹、蕭（2002）、Lin (2007)、E (2014) の順に扱い、それぞれ本研究との比較を行う。

2.4.1 曹、蕭（2002）との比較

曹、蕭（2002）は、「越1 clause が、IP をなす越2 clause に adjoin する」と分析している。たとえば、(78a) の樹形図は、(78b) のようになるという。

(78)　a.　我　天気　越　　熱，　越　　　吃不下。[曹、蕭 2002: 833, (88a)]
　　　　　私　天気　より　暑い　より　食べられない

　　　　　私は、より暑いと、より食欲がない。

　　　b.　(78a) の樹形図　　　　　　　　　　　　[曹、蕭 2002: 833, (88b)]

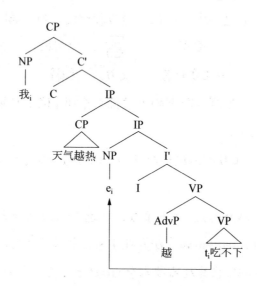

(78b) では、越2 clause「越吃不下（より食欲がない）」が IP を成してお

り、越₁ clause「天気越热（より暑いと）」は、それに adjoin している。[①]

しかし、曹、蕭（2002）はいくつかの問題を抱えている。

まず、曹、蕭（2002）では、越 1 clause を越 2 clause の adjunct として分析しているが、adjunct の生起は統語的に optional であるため、越（yue）構文において越（yue）が 2 つ生起しなければならない事実を説明することができない。

次に、2.3.1 節で観察するように、越（yue）構文にはさまざまなパターンがあり、その容認性はそれぞれ異なっている。曹、蕭（2002）はさまざまな越（yue）構文の容認性について議論しておらず、それらの違いを説明できない可能性がかなり高い。

さらに、曹、蕭（2002）では、越（yue）とその被修飾語の間における意味関係がどのように作られるかについても説明できない。(78b) の樹形図から、越（yue）はそれと sister 関係を持つ要素（上では VP）を修飾することができるということがわかる。ところが、越（yue）構文で (8) のように、越（yue）はそれと sister 関係を持たない要素（たとえば、「目的語名詞句内の形容詞」や「補語内の形容詞」）を修飾することもできる。このような現象は、越（yue）とその被修飾語の意味関係の構築に関わる問題であるが、曹、蕭（2002）はそれについて説明することができない。

曹、蕭（2002）の分析に対して、本書の提案は次のように曹、蕭（2002）が抱える問題を解決することができる。

まず、本書では、F-Predication が 2 つの越（yue）をそれぞれ左側、右側の項として捉えなければならないため、越（yue）が 2 つ（以上）生起しなければならない事実は説明される。

---

① 文頭の「私」は、CP spec に基底生成する topic であるという。この topic は、VP spec の位置から IP spec の位置に移動した IP の主語と同一指示を持っている。

次に、越（yue）構文のさまざまな容認性について、2.3.2 節に示したように、本書は、F−Predication と越(yue)はペアとなる解釈不可能素性(★ F−Subject, [RH]、★ F−Predicate, [LH]、F−Subject、F−Predicate) を持つと提案し、解釈不可能素性が最終的に削除できるかどうかによって具体的に越（yue）構文の容認性を捉えた（解釈不可能素性がすべて削除可能であれば、適格な越（ yue ）構文になり、1 つでも解釈不可能素性が削除不可能であれば、不適格な越（ yue ）構文になってしまう）。

　また、越（ yue ）とその被修飾語の間の意味関係について、本書は、越（ yue ）が意味素性として● <<target>> を持ち、それとペアになる target 素性を持つ要素が、越（ yue ）と意味関係を持つ（越（ yue ）に修飾される）というシステムを用いて捉えた。

2.4.2　Lin (2007)、Liu (2008) との比較

　Lin (2007) は、形式意味論的なアプローチから越（ yue ）構文を (79) のように分析している。[①]

(79)　越₁ clause と越₂ clause が、それぞれ、covert な quantifier の restriction と nuclear scope に map する (越₁ と越₂ もそれぞれ restriction と nuclear scope に adjoin する)。

　具体的には、(80a) の文は、(80b) の意味表示になる。

(80)　a.　你　　越　　生气，　他 （就）　　越　　高兴。
　　　　　あなた　より　怒る　彼（すると）　より　喜ぶ

---

① Liu (2008) も越（ yue ）構文が意味的に quantificational tripartite structure を成すと分析している。また、越（ yue ）構文の syntactic tree structure とその quantificational tripartite structure の間は、Tsai (2001) の Revised Extended Mapping Hypothesis に基づいて mapping 操作が行われると述べている。

あなたがより怒ると、彼はより喜ぶ。

b. (80a) の意味表示 [Lin 2007: 20, (55)]

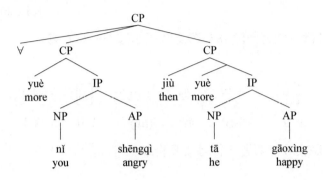

また、Lin (2007) は、Doetjes (1997) の仮定を前提に、越（yue）の semantics は (81) であるという。[1]

(81) [[yue]]$=\lambda P_{<d, <s, t>>}\lambda g_1 \lambda g_2 \lambda s_1 \lambda s_2 [P (g_1)(s_1) \wedge P(g_2)(s_2) \wedge g_2 > g_1]$

[Lin 2007: 189, (56)]

さらに、越（yue）構文の semantics は (82) のようになっているという。

(82) [[Q adv]] (yue-P) (jiu yue-Q)

$= Qadv \; \alpha_1', \alpha_1'' \ldots d_1, d_2 \ldots \alpha_n', \alpha_n'', s_1, s_2 [P (\alpha_1') \ldots (d_1) \ldots (\alpha_n') (s_1) \wedge$

$P (\alpha_1'') \ldots (d_2) \ldots (\alpha_n'') (s_2) \wedge d_2 > d_1]$

$\Rightarrow \exists d_3, d_4, s_3, s_4 [s_1 \lessapprox s_3 \wedge s_2 \lessapprox s_4 \wedge R (<d_1, s_1>, < d_3, s_3>) \wedge R (<d_2, s_2>,$

---

[1] Doetjes (1997) は、形容詞は、additional な argument として、degree を持ち、動詞は、addtional な argument として degree あるいは quantity argument を持つと仮定した。(81) では、越（yue）の argument は degree と situation の関係（$\lambda g \lambda s.P (g) (s) = $ type $<d, <s,t>>$）となっているが、ほかにも、越（yue）の argument になりうるものは、例えば individual と degree と situation の間の関係など、様々なケースがある。これらをまとめると (i) のようになる（α は何らかの semantic type を表す）。

(i) [[yue]] $= \lambda P <\alpha_1, <\ldots<d, \ldots<\alpha_n, <s, t >>>>> \lambda \alpha_1' \lambda \alpha_1'' \ldots \lambda d_1 d_2 \ldots \lambda \alpha_n' \lambda \alpha_n'' \ldots \lambda s_1 \lambda s_2[P (\alpha_1') \ldots (d_1) \ldots (\alpha_n') (s_1) \wedge P (\alpha_1'') \ldots (d_2) \ldots (\alpha_n'') (s_2) \wedge d_2 > d_1]$ [Lin 2007: 21, (58)]

$$< d_4, s_4>) \wedge Q\ (\alpha_1')...(d_3)...(\alpha_n')\ (s_3) \wedge Q\ (\alpha_1'')...(d_4)...(\alpha_n'')\ (s_4) \wedge$$
$$d_4 > d_3]^{①}$$

[Lin 2007: 192, (62)]

具体的には、たとえば (83) の意味表示は (84) になる。

(83)　你　　　越　　生气，　他　（就）　越　　高兴。　　　[=(80a)]
　　　あなた　より　怒る　彼　(jiu)　より　喜ぶ
　　　あなたがより怒ると、彼はより喜ぶ。

(84)　(83) の semantics

　　　[[∀ yuè nǐ shēngqì jiù yuè tā gāoxìng]]
　　　= ∀ g1,g2,s1,s2[angry'(you')(g1)(s1)　∧ angry'(you')(g2)(s2)
　　　∧ g2>g1]
　　　⇒ ∃g3∃g4,s3,s4[s1 ≤ s3　∧ s2 ≤ s4　∧ R(<g1,s1>,<g3,s3>)　∧
　　　R(<g2,s2>,<g4,s4>) ∧ happy'(he')(g3)(s3) ∧ happy'(he')(g4)(s4)
　　　∧ g4>g3]

[Lin 2007: 192, (63)]

　　　Lin (2007) にならい、Liu (2008) も、越（yue）構文は、意味的に
quantificational tripartite structure を成すと分析している。② また、越（yue）

---

① 　(82) の semantics では、R という記号は副詞「就（jiu）」の logical form を表す。Lin (2007) では、
越₁ clause と越₂ clause の間における Causation の関係は「就」によって結び付けられると考えられて
いるため、R は pragmatically determined relation でそこから Causation meaning を作るものであるとさ
れている。
② 　例えば、(i-a) は、(i-b) の意味を持つという。
(i)　a.　天气　越　热，水　喝　得　越　多。
　　　　天気　より　暑い　水　飲む　De　より　多い
　　　　より暑いと、水をより多く飲む。
　　b.　∀ t₁,t₂ [It is hotter at t₂ than at t₁] → [People drink more water at t₂ than at t₁]

構文の syntactic tree structure とその quantificational tripartite structure の間は、Revised Extended Mapping Hypothesis に基づいて mapping 操作が行われると述べている。^①Liu (2008) の越（yue）と越（yue）構文についての考え方は、基本的に Lin (2007) と同様であるため、ここでは詳しい説明を省略する。

　　Lin (2007) による越（yue）構文の構造に対する提案は本書のものと類似している。つまり、どちらの分析においても何らかの要素が、越（yue）を含む部分をそれぞれ 2 つとるという構造をしている。ところが、Lin (2007) には次の点でいくつか問題が見られるが、本書の提案ではそのような問題を解決することができる。

　　まず、Lin (2007) では、越（yue）が IP に adjoin する（IP の外側に生起する）と分析されている。この考えでは、越（yue）が様々な位置に生起できるということになる。ところが、(43) のように前件の中で topicalization が起こっている場合の越（yue）構文は容認されない。これについて、Lin (2007) の提案では間違って文法的だと判断してしまう。

　　Lin (2007) に対して、本書の提案では、越（yue）は語順通りの位置に生起する。越（yue）がどのような位置に生起しても、それの Numeration における形式が一定しているため、さまざまな越（yue）構文を説明することができる。

　　次に、Lin (2007) では、越（yue）が動詞の直前に現れる際、動詞を修飾する解釈ができるが（(6a)）、主語名詞句内にある形容詞を修飾する解釈ができない（(6b)）という事実を説明することができない。Lin (2007) の分析

(i) は、times に関わる全称量化であるが、world と individual に関わる全称量化も可能であると述べている。

① 　Revised Extended Mapping Hypothesis は、Tsai (2001) の Extended Mapping Hypothesis の revised version である。

では、そのどちらの解釈も許してしまうからである。

さらに、Lin (2007) は、越（yue）とその被修飾語が隣接しなくてもよいという現象についても説明できない。(81) と (82) の semantics から、越（yue）の argument になるものは P であることがわかる。(83) の semantics を表す (84) では、angry'（you'）が越（yue）の argument となっている。これと (80b) を比べると、越（yue）と直接 Merge する main predicate が越（yue）の argument になると推測できる。よって、Lin (2007) は、(8) において main predicate ではない「目的語名詞句内の形容詞（(8a)）」と「補語内の形容詞（(8b)）」は越（yue）によって修飾されないと予測してしまう。しかし、(8) ではそのような解釈ができる。

Lin (2007) の 2 番目と 3 番目の問題は、いわば同じものであり、越（yue）とその被修飾語の意味関係がどのように作られるのかという問題にまとめられる。この問題に対して、2.2.2.2 節に示したように、本書は● <<target>> と target 素性を用いることで解決することができる。

2.4.3　E (2014) との比較

E (2014) は、Cartography のアプローチを用い、越（yue）構文を focus construction として捉え、次のような構造を成すという提案をしている。[1]

---

[1] 越（yue）構文は focus construction であるという仮定は、次の仮定と事実によるものである。

(i) wh 疑問文に対する返答のなかで、疑問文の wh-operator に対応する答えが focus だと広く仮定されている（It is widely assumed that in an answer to a wh-question, the constituent which corresponds to the wh-operator is taken as a focus (Badan 2008)）　　　　　　　　　　[E 2014: 129, ll.1-2]

(ii) Q: 什么样的天气，冰淇淋卖得好？
　　　 どんな天気の場合アイスクリームがよく売れるの？
　　 A: 天气越热，冰淇淋卖得越好。
　　　 より暑いと、アイスクリームがより売れる。　　　　　　　　　　[cf.E 2014: 129, (28)]

(85)　E (2014) における越（yue）構文の構造　　　　　　　　[E 2014: 132, (31)]

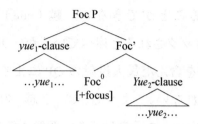

a. 越₁ clause は、FocP の spec に基底生成し、越₂ clause は、FocP の complement に基底生成する。

b. Foc° の [＋focus]（Focus feature）は、spec-head agreement によって、越₁と越₂の生起を認可する。

例えば、(86a) の構造は、(86b) のようになるという。

(86)　a.　（如果）　天気　　越　　热，　电费　（就）　越　　高。
　　　　　（もし）　天気　　より　暑い　電気代　(jiu)　より　　高い
　　　　　（もし）より暑いと、電気代がより高くなる。

b.　(86a) の樹形図 ①

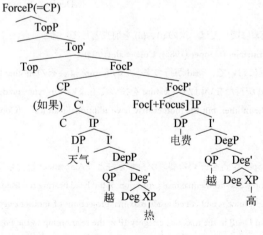

---

① E (2014) では、ごく荒い樹形図しか示されていないため、提示された分析に基づいて再構築した樹形図を掲げておく。

しかし、越₁と越₂は、E (2014) が (85b) で提案するような、Foc°による license を受けることができない。越（yue）は Foc° と spec-head agreement によってチェックされると述べているが、実際には、越（yue）が持つ素性は、最大それを含んだ最大投射の QP にまでしか浸透せず、Foc°の spec 位置には行き渡れない。① よって、越₁と越₂の生起は Foc° によって認可されることができない。E 氏自身もこの問題に気付いており、解決案を持っていないと認めている。②

　また、越（yue）構文の意味解釈については、(87) に示すように、covert な operator （Cor.OP＝correlative operator）が仮定され、この operator が DegPᵢ と DegPⱼ を同時に bind し、(88) の意味解釈を作る。

(87)　　　　　　　　　　　　　　　　　　　　　　　　　　　　[E 2014: 119, (13)]

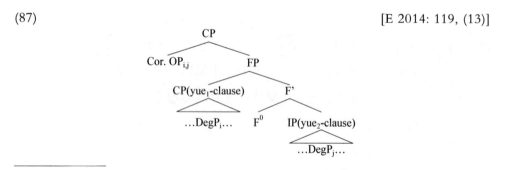

---

① E (2014) のここの議論に関しては、次の (i)、(ii) を前提としている。

(i) Feature Percolation Principles (Cooper (1986), Cole et al. (1993))：
　　統語的派生過程において、head が持つすべての feature は、その mother に受け継がれる。ただし、mother は、head が持たないほかの feature を持ってもよい（in syntactic derivation all the features of the head are also on the mother, but the mother may have additional features" (Cooper (1986):32)）[E 2014: 133, 注 55]

(ii) feature-checking
Head が持つ素性は Spec 位置を占める要素が持つ素性と、Agreement を介して check される。

② Typically percolation only goes to the maximal projection of the head bearing the features, e. g. from Q to QP. However, the yue-phrase is embedded inside maximal projections of another category (IP) in [Spec, FocP]. Percolation from DegP to the maximal category IP in the relationship to the Foc° would be a difficult implementation. I do not have solution to this problem and will leave it for future research.[E (2014): 133, 注 55]

(88)　　　　　　　　　　　　　　　　　　　　　　　　　[E 2014: 120, (14)]

Cor–OP$_{i,j}$[$_{CP}$[$_{CP}$…yue$_i$…], [$_{IP}$…yue$_j$…]]

$\forall$ x $\forall$ y [the value of *x* increases] $\rightarrow$ [the value of *y* proportionally changes too].

　E (2014) が提案した越（yue）構文の統語構造は本書の提案と類似している。ところが、E (2014) には次のような問題があるが、本書はそのような問題を解決することができる。

　まず、前述したように、E (2014) は spec–head agreement によって、越₁と越₂の生起を認可すると提案しているが、この提案では越₁と越₂の生起は認可できない。そのため、越（yue）構文における越（yue）が２つ生起する必然性は説明されない。したがって、越（yue）構文の容認性の違いを説明することもできない。本書は、越（yue）の生起の必然性が説明できる。

　また、E (2014) も、越（yue）とその被修飾語が隣接しなくてもよいという現象を捉えることができない。本書の提案と曹、蕭（2002）、また Lin (2007) を比較する際にも述べたように、本書は● $_{<<target>>}$ と target 素性を用いることで越（yue）とその被修飾語が隣接しない場合の意味関係を捉えることができる。

2.5　まとめ

　本章では、語彙項目と語彙項目が Merge し、意味がどのように構成されていくかに注目し、中国語の越（yue）構文の意味条件と構造条件を明らかにした。本書のアプローチを用いれば、適格な越（yue）構文はうまく生成され、また不適格な越（yue）構文は解釈不可能素性が取り除かれないため、非文法的になるようになっている。まず意味条件から見ると、どのような要

素が越（yue）に修飾されるかについては、「越（yue）が持つ解釈不可能素性● _{<<target>>} は、長距離にわたって継承される target 素性によって消される」と仮定したことで、うまく対応できる。

　また、越（yue）構文が成立する構造条件として、機能範疇 F-Predication の両側の項にそれぞれ越（yue）が含まれなければならないことを提案した。

(89)

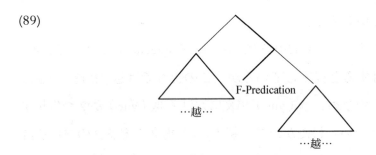

　この条件は、越（yue）が持つ素性 F-Subject あるいは F-Predicate は、最終的にそれぞれ F-Predication の素性★ _{F-Subject, [LH]}、★ _{F-Predicate, [RH]} とチェックし、それらを置き換えることで保障される。つまり、この４つの解釈不可能素性がすべて取り除かれれば、越（yue）構文の構造条件が満たされることになり、適格な越（yue）構文が出力される。一方、もし解釈不可能素性が１つでも残れば、越（yue）構文の構造条件が満たされないことになり、不適格な越（yue）構文になるということである。

2.6　Appendix

　以下、容認される越（yue）構文と容認されない越（yue）構文を１つずつ例に挙げ、その派生過程を示していく。

2.6.1 適格な文の派生

(42c) 张三　买　[越　贵　的　东西], 老师　越　生气。[①]
　　　張三　買う　より　高い　の　もの　　先生　より　怒る
　　　張さんがより高いものを買うと、先生はより怒る。

(90) Numeration

    a.   <x1, [{N}, <x1, {<Name, 张三 >}>, 张三]>

    b.   <x2, [{V}, <x2, {<Kind, 买 >, <Agent, ★[RH] >, <Theme, ★[LH] >}>, 买]>

    c.   <x3, [{Z, + V , F−Subject }, < ● <<target>> , {<_, 越 >}>, 越]>

    d.   <x4, [{V, <target, < ● , {< 贵 , _>}>> }, < ● , {< 贵 , _>}>, 贵]>

    e.   <x5, [{N}, <x5, {<Kind, 东西 >}>, 东西]>

    f.   <x6, [{N}, <x6, {<Kind, 老师 >}>, 老师]>

    g.   <x7, [{Z, + V , F−Predicate }, < ● <<target>> , {<_, 越 >}>, 越]>

    h.   <x8, [{V, <target, <x8, {<Degree, _>}>> }, <x8, {<Kind, 生气 >, <Theme, ★[RH] >, <Degree, _>}>, 生气]>

    i.   <x9, [{Z, <x9, {<Subject, ★ F−Subject, [RH] >, <Predicate, ★ F−Predicate, [LH] >}>}, ϕ , ϕ]

(91) Merge base = {(90a), (90b), (90c), (90d), (90e), (90f), (90g), (90h), (90i)}

    (90c)<x3, [{Z, + V , F−Subject }, < ● <<target>> , {<_, 越 >}>, 越]>

    (90d)<x4, [{V, <target, < ● , {< 贵 , _>}>> }, < ● , {< 贵 , _>}>, 贵]>

---

① 　1章で述べたように、中国語では、形容詞が名詞を修飾する際に、形容詞と名詞の間に的（de）という要素が必須である。しかし的（de）の語彙特性については、まだ十分に考察できていないため、ここでは仮に「的」を除外して計算過程を示している。6.2 節も同様である。

⇒ RH−Merge（● _{<<target>>} 素性と target 素性の照合）

    <x4, [{V, F−Subject }, < ● , {< 貴 , _>}>,<

        <x3, [{Z}, < ● ,{< 貴 , 越 >}>, 越]>

        <x4, [{V}, φ , 貴 >]>

    >]>

```
        x4
       /\
      /  \
    x3    x4
    越    貴
```

(92)   Merge base = {(90a), (90b), (90e), (90f), (90g), (90h), (90i), (91}

    (91)<x4, [{V, F−Subject }, < ● , {< 貴 , _>}>,<

        <x3, [{Z}, < ● , {< 貴 , 越 >}>, 越]>

        <x4, [{V}, φ , 貴 >]>

    >]>

    (90e)<x5, [{N}, <x5, {<Kind, 东西 >}>, 东西]>

⇒ RH−Merge

    <x5, [{N, F−Subject }, <x5, {<Kind, 东西 >}>, <

        <x4, [{V}, <x5, {< 貴 , _>}>,<

            <x3, [{Z}, < x5, {< 貴 , 越 >}>, 越]>

            <x4, [{V}, φ , 貴 >]>

        >]>

        <x5, [{N}, φ , 东西]>

    >]>

```
            x5
           /\
          /  \
        x4    x5
       /\     东西
      /  \
    x3    x4
    越    貴
```

(93)   Merge base = {(90a), (90b), (90f), (90g), (90h), (90i), (92)}

    (90b)<x2, [{V}, <x2, {<Kind, 买 >,<Agent, 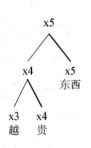 [RH] >, <Theme, ★[LH] >}>,

    买]>

    (92) 略

⇒ LH−Merge

    <x2, [{V, F−Subject }, <x2, {<Kind, 买 >, <Agent, ★_[RH] >, <Theme, x5

>}>, <

        <x2, [{V}, ϕ, 买]>

        <x5, [{N }, <x5, {<Kind, 东西 >}>, <

            <x4, [{V}, <x5, {< 贵 , _>}>,<

                <x3, [{Z}, < x5, {< 贵 , 越 >}>, 越]>

                <x4, [{V}, ϕ, 贵 >]>

            >]>

            <x5, [{N}, ϕ, 东西]>

        >]>

    >]>

(94)   Merge base = {(90a), (90f), (90g), (90h), (90i), (93)}

    (90a)<x1, [{N}, <x1, {<Name, 张三 >}>, 张三]>

    (93) 略

⇒ RH−Merge

    <x2,[{V, F−Subject },<x2, {<Kind, 买 >, <Agent, x1 >, <Theme, x5>}>,<

        <x1, [{N}, <x1, {<Name, 张三 >}>, 张三]>

        <x2, [{V}, ϕ, <

            <x2, [{V}, ϕ, 买]>

            <x5, [{N }, <x5, {<Kind, 东西 >}>, <

                <x4, [{V}, <x5, {< 贵 , _>}>,<

                    <x3, [{Z}, < x5, {< 贵 , 越 >}>, 越]>

                    <x4, [{V}, ϕ, 贵 >]>

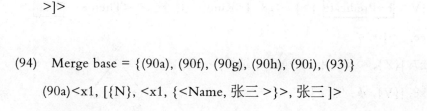

>]>

<x5, [{N}, ϕ, 东西]>

>]>

>]>

>]>

(95) Merge base = { (90f), (90g), (90h), (90i), (94)}

(90g)<x7, [{Z, + V , F−Predicate }, < ● <<target>> , {<_, 越 >}>, 越]>

(90h)<x8, [{V, target, <x8, {<Degree, _>}>> }, <x8, {<Kind, 生气 >,

<Theme, ★[RH] >, <Degree, _>}>, 生气]>

⇒ RH−Merge (● <<target>> 素性と target 素性の照合)

<x8, [{V, F−Predicate }>}, <x8, {<Kind, 生气 >, <Theme, ★[RH] >,

<Degree, _>}>, <

<x7, [{Z}, < x8 , {< Degree , 越 >}>, 越]>

<x8, [{V}, ϕ, 生气]>

>]>

$x8$

$x7$ $x8$
越 生气

(96) Merge base = {(90f), (90i), (94), (95)}

(90f)<x6, [{N}, <x6, {<Kind, 老师 >}>, 老师]>

(95)<x8, [{V, F−Predicate }>}, <x8, {<Kind, 生气 >, <Theme, ★[RH] >,

<Degree, _>}>, <

<x7, [{Z}, <x8, {<Degree, 越 >}>, 越]>

<x8, [{V}, ϕ, 生气]>

>]>

⇒ RH−Merge

<x8, [{V, F−Predicate }>}, <x8, {<Kind, 生气 >, <Theme, x6 >, <Degree, _>}>, <

    <x6, [{N}, <x6, {<Kind, 老师 >}>, 老师]>

    <x8, [{V}, ϕ , <

        <x7, [{Z}, <x8, {<Degree, 越 >}>, 越]>

        <x8, [{V}, ϕ , 生气]>

    >]>

>]>

```
        x8
       /  \
      x6    x8
     老师   / \
          x7   x8
          越   生气
```

(97)   Merge base = { (90i), (94), (96)}

    (90i)<x9, [{Z, <x9, {<Subject, ★ F−Subject, [RH] >, <Predicate, ★ F−Predicate, [LH] >}>}, ϕ , ϕ]

    (94) 略

⇒ RH−Merge

    <x9, [{Z, <x9, {<Subject, x2 >, <Predicate, ★ F−Predicate, [LH] >}>}, ϕ , <

        <x2, [{V}, <x2, {<Kind, 买 >, <Agent, x1>, <Theme, x5>}>, <

            <x1, [{N}, <x1, {<Name, 张三 >}>, 张三]>

            <x2, [{V}, ϕ , <

                <x2, [{V}, ϕ , 买]>

                <x5, [{N }, <x5, {<Kind, 东西 >}>, <

                    <x4, [{V}, <x5, {< 贵 , _>}>,<

                        <x3, [{Z}, < x5, {< 贵 , 越 >}>, 越]>

                        <x4, [{V}, ϕ , 贵 >]>

                  >]>

                <x5, [{N}, ϕ , 东西]>

```
              x9
             /  \
           x2    x9
          /  \
        x1    x2
       张三   / \
           x2    x5
           买   /  \
              x4   x5
             /  \  东西
           x3    x4
           越    贵
```

```
                    >]>
                >]>
            >]>
            <x9, [{Z}, ϕ , ϕ ]>
        >]>


(98)   Merge base = {(96), (97)}
    (97) 略
    (96) 略
⇒ LH−Merge
    <x9, [{Z, <x9, {<Subject,x2>, <Predicate, x8 >}>}, ϕ , <
        <x2, [{V}, <x2, {<Kind, 买 >, <Agent, x1>, <Theme, x5>}>, <
            <x1, [{N}, <x1, {<Name, 张三 >}>, 张三 ]>
            <x2, [{V}, ϕ , <
                <x2, [{V}, ϕ , 买 ]>
                <x5, [{N }, <x5, {<Kind, 东西 >}>, <
                    <x4, [{V}, <x5, {< 贵 , _>}>,<
                        <x3, [{Z}, < x5, {< 贵 , 越 >}>, 越 ]>
                        <x4, [{V}, ϕ , 贵 >]>
                    >]>
                    <x5, [{N}, ϕ , 东西 ]>
                >]>
            >]>
        >]>
        <x9, [{Z}, ϕ , <
```

<x9, [{R}, φ, φ]>

<x8, [{V}>}, <x8, {<Kind, 生 气 >, <Theme, x6>, <Degree,

_>}>, <

    <x6, [{N}, <x6, {<Kind, 老师 >}>, 老师]>

    <x8, [{V}, φ, <

      <x7, [{Z}, <x8, {<Degree, 越 >}>, 越]>

      <x8, [{V}, φ, 生气]>

    >]>

   >]>

  >]>

 >]>

```
                              x9
                      ┌───────┴───────┐
                     x2               x9
                 ┌────┴────┐      ┌────┴────┐
                x1        x2     x9        x8
                张三    ┌──┴──┐  F-Predication ┌──┴──┐
                      x2    x5    x6         x8
                      买  ┌──┴──┐ 老师      ┌──┴──┐
                        x4    x5          x7    x8
                      ┌──┴┐  东西          越    生气
                     x3  x4
                     越   贵
```

(99) LF 意味素性

<x9, {<Subject,x2>, <Predicate, x8>}>

<x2, {<Kind, 买 >, <Agent, x1>, <Theme, x5>}>

<x1, {<Name, 张三 >}>

<x5, {<Kind, 东西 >}>

<x5, {< 贵 , 越 >}>

<x8, {<Kind, 生气 >, <Theme, x6>, <Degree, _>}>

<x6, {<Kind, 老师 >}>

<x8, {<Degree, 越 >}>

(100)　意味表示

{<x9, {<Subject,x2>, <Predicate, x8>}>

<x2, {<Kind, 买 >, <Agent, x1>, <Theme, x5>}>

<x1, {<Name, 张三 >}>

<x5, {<Kind, 东西 >, < 贵 , 越 >}>

<x8, {<Kind, 生气 >, <Theme, x6>, <Degree, 越 >}>

<x6, {<Kind, 老师 >}> }

2.6.2 不適格な文の派生

(40)　a.　★张三　　越　　喜欢　买　　越　　贵　　的　　东西。
　　　　　张三　　より　好き　買う　より　高い　の　　もの
　　　　　张三は、より高いものを買うのがより好きだ。

(101)　Numeration

a.　<x1, [{N}, <x1, {<Name, 张三 >}>, 张三]>

b.　<x2, [{Z, $\boxed{+ \text{V}}$, $\boxed{\text{F－Subject}}$ }, < $\boxed{\bullet_{<<target>>}}$, {<_, 越 >}>, 越]>

c.　<x3, [{V, $\boxed{\text{<target, <x3, {<Degree, \_>}>>}}$ }, <x3, {<Kind, 喜 欢 >, <Agent, $\boxed{\bigstar_{[RH]}}$ >, <Theme, $\boxed{\bigstar_{[LH]}}$ >, <Degree, _>}>, 喜欢]>

d.　<x4, [{V}, <x4, {<Kind, 买 >, <Agent, $\boxed{\bigstar_{[RH]}}$ >, <Theme, $\boxed{\bigstar_{[LH]}}$ >}>, 买]>

e.　<x5, [{Z, $\boxed{+ \text{V}}$, $\boxed{\text{F－Predicate}}$ }, < $\boxed{\bullet_{<<target>>}}$, {<_, 越 >}>, 越]>

f.　<x6, [{V, $\boxed{\text{<target, < } \bullet \text{ , {< 贵 , \_>}>>}}$ }, < $\boxed{\bullet}$, {< 贵 , _>}>, 贵]>

g.　<x7, [{N}, <x3, {<Kind, 东西 >}>, 东西]>

h.　<x8, [{Z, <x8, {<Subject, $\boxed{\bigstar_{\text{F－Subject, [RH]}}}$ >, <Predicate, $\boxed{\bigstar_{\text{F－Predicate, [LH]}}}$ >} >}, ϕ , ϕ]>

(102)　Merge base = {(101a),(101b),(101c),(101d), (101e),(101f),(101g),(101h)}

  (101e)　　　　　<x5, [{Z, $\boxed{+ V}$, $\boxed{\text{F-Predicate}}$ }, < $\boxed{\bullet\ _{<<\text{target}>>}}$, {<_, 越 >}>,

    越]>

  (101f)　　　　　<x6, [{V, $\boxed{<\text{target}, < \bullet , \{< 贵 , \_>\}>>}$ }, < $\boxed{\bullet}$, {< 贵 ,

    _>}>, 贵]>

⇒ RH−Merge（ $\bullet\ _{<<\text{target}>>}$ 素性と target 素性の照合 ）

  <x6, [{V, $\boxed{\text{F-Predicate}}$ }, < $\boxed{\bullet}$, {< 贵 , _>}>, <

    <x5, [{Z}, < $\bullet$, {< 贵 , 越 >}>, 越]>

    <x6, [{V}, ϕ , 贵]>

  >]>

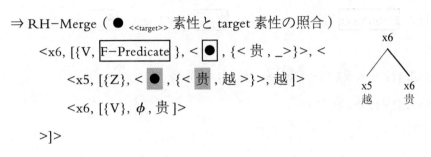

(103)　Merge base = {(101a), (101b), (101c), (101d), (101g), (101h), (102)}

  (102)<x6, [{V, $\boxed{\text{F-Predicate}}$ }, < $\boxed{\bullet}$, {< 贵 , _>}>, <

    <x5, [{Z}, < $\bullet$, {< 贵 , 越 >}>, 越]>

    <x6, [{V}, ϕ , 贵]>

   >]>

  (101g)<x7, [{N}, <x7, {<Kind, 东西 >}>, 东西]>

⇒ RH−Merge

  <x7, [{N, $\boxed{\text{F-Predicate}}$ }, <x7, {<Kind, 东西 >}>, <

    <x6, [{V}, <x7, {< 贵 , _>}>, <

     <x5, [{Z}, <x7, {< 贵 , 越 >}>, 越]>

     <x6, [{V}, ϕ , 贵]>

   >]>

    <x7, [{N}, ϕ , 东西]>

  >]>

(104) Merge base = {(101a), (101b), (101c), (101d), (101h), (103)}

(101b)<x2, [{Z, $\boxed{+\text{V}}$, $\boxed{\text{F\,\textendash\,Subject}}$ }, < $\boxed{\bullet_{\,<<\text{target}>>}}$, {<_, 越 >}>, 越]>

(101c)<x3, [{V, $\boxed{<\text{target}, <\text{x3}, \{<\text{Degree}, \_>\}>>}$ }, <x3, {<Agent, $\boxed{\bigstar_{[RH]}}$ >, <Theme, $\boxed{\bigstar_{[LH]}}$ >, <Degree, _>}>, 喜欢]>

⇒ RH–Merge（ $\bullet_{\,<<\text{target}>>}$ 素性と target 素性の照合 ）

<x3, [{V, $\boxed{\text{F\,\textendash\,Subject}}$ }, <x3, {<Agent, $\boxed{\bigstar_{[RH]}}$ >, <Theme, $\boxed{\bigstar_{[LH]}}$ >, <Degree, _>}>, <

    <x2, [{Z}, < x3 , {< Degree , 越 >}>, 越]>

    <x3, [{V}, ϕ, 喜欢]>

>]>

```
        x3
       /  \
     x2    x3
     越    喜欢
```

(105) Merge base = {(101a), (101d), (101h), (103), (104)}

(101d) <x4, [{V}, <x4, {<Kind, 买 >, <Agent, $\boxed{\bigstar_{[RH]}}$ >, <Theme, $\boxed{\bigstar_{[LH]}}$ >}>, 买]>

(103)<x7, [{N, $\boxed{\text{F\,\textendash\,Predicate}}$ }, <x7, {<Kind, 东西 >}>, <

    <x6, [{V}, <x7, {< 贵 , _>}>, <

        <x5, [{Z}, <x7, {< 贵 , 越 >}>, 越]>

        <x6, [{V}, ϕ, 贵]>

    >]>

    <x7, [{N}, ϕ, 东西]>

>]>

⇒ LH–Merge

<x4, [{V, $\boxed{\text{F\,\textendash\,Predicate}}$ }, <x4, {<Agent, $\boxed{\bigstar_{[RH]}}$ >, <Theme, x7 }>, <

    <x4, [{V}, ϕ , 买]>

    <x7, [{N}, <x7, {<Kind, 东西 >}>, <

<x6, [{V}, <x7, {< 貴 , _>}>, <

    <x5, [{Z}, <x7, {< 貴 , 越 >}>, 越]>

    <x6, [{V}, ϕ , 貴]>

>]>

<x7, [{N}, ϕ , 東西]>

   >]>

>]>

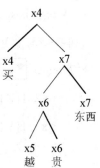

(106)   Merge base = { (101a), (101h), (104), (105)}

   (105)

$\Rightarrow$ zero−Merge

<x4, [{V, F−Predicate }, <x4, {<Agent, x9 >, <Theme, x7}>, <

   <x9, [{NP}, <x9, {}>, ϕ]>

   <x4, [{V}, ϕ , <

    <x4, [{V }, ϕ , 買]>

    <x7, [{N}, <x7, {<Kind, 東西 >}>, <

     <x6, [{V}, <x7, {< 貴 , _>}>, <

      <x5, [{Z}, <x7, {< 貴 , 越 >}>, 越]>

      <x6, [{V}, ϕ , 貴]>

     >]>

     <x7, [{N}, ϕ , 東西]>

    >]>

   >]>

>]>

(107) Merge base = {(101a), (101h), (104), (106)}

(104)<x3, [{V, F−Subject }, <x3, {<Kind, 喜 欢 >, <Agent, ★[RH] >,

<Theme, ★[LH] >, <Degree, _>}>, <

   <x2, [{Z}, <x3, {<Degree, 越 >}>, 越]>

   <x3, [{V}, φ, 喜欢]>

>]>

(106) 略

⇒ LH−Merge

<x3 [{V, F−Subject , F−Predicate }, <x3, {<Agent, ★[RH] >, <Theme, x4 >,

<Degree, _>}>, <

   <x3, [{V}, φ, <

      <x2, [{Z}, <x6, {<Degree, 越 >}>, 越]>

      <x3, [{V}, φ, 喜欢]>

   >]>

   <x4, [{V}, <x4, {<Agent, x9>, <Theme, x7}>, <

      <x9, [{NP}, <x8, {}>, φ]>

      <x4, [{V}, φ, <,

         <x4, [{V }, φ, 买]>

         <x7, [{N}, <x7, {<Kind, 东西 >}>, <

            <x6, [{V}, <x7, {< 贵 , _>}>, <

               <x5, [{Z}, <x7, {< 贵 , 越 >}>, 越]>

               <x6, [{V}, φ, 贵]>

            >]>

            <x7, [{N}, φ, 东西]>

         >]>

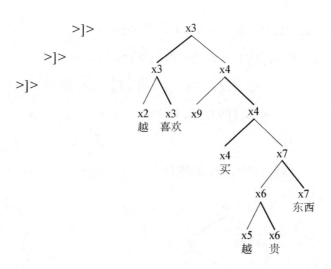

>]>

>]>

>]>

(108)   Merge base = { (101a), (101h), (107)}

(101a)   <x1, [{N}, <x1, {<Name, 张三 >}>, 张三]>

(107) 略

⇒ RH−Merge

<x3 [{V, F−Subject , F−Predicate }, < x3 , {<Agent, x1 >, <Theme, x4>,
<Degree, _>}>, <

    <x1, [{N}, <x1, {<Name, 张三 >}>, 张三]>

    <x3, [{V}, ϕ , <

       <x3, [{V}, ϕ , <

          <x2, [{Z}, <x6, {<Degree, 越 >}>, 越]>

          <x3, [{V}, ϕ , 喜欢]>

       >]>

    <x4, [{V}, <x4, {<Agent, x9>, <Theme, x7}>, <

       <x9, [{NP}, <x8, {}>, ϕ]>

       <x4, [{V}, ϕ , <,

          <x4, [{V }, ϕ , 买]>

<x7, [{N}, <x7, {<Kind, 东西 >}>, <

    <x6, [{V}, <x7, {< 贵 , _>}>, <

        <x5, [{Z}, <x7, {< 贵 , 越 >}>, 越]>

        <x6, [{V}, ϕ, 贵]>

    >]>

    <x7, [{N}, ϕ, 东西]>

  >]>

    >]>

      >]>

        >]>

          >]>

```
                          x3
                      ┌────┴────┐
                     x1         x3
                    张三     ┌───┴───┐
                           x3        x4
                         ┌─┴─┐   ┌───┴───┐
                        x2  x3  x9      x4
                        越  喜欢    ┌─────┴─────┐
                                  x4          x7
                                  买       ┌───┴───┐
                                          x6      x7
                                        ┌─┴─┐    东西
                                       x5  x6
                                       越   贵
```

(109)　Merge base = {(101h), (108)}

    (101h)　　　　　　<x8, [{Z,<x8, {<Subject, ★ F−Subject, [RH] >, <Predicate,

★ F−Predicate, [LH] >}>}, ϕ , ϕ]>

    (108) 略

⇒ LH−Merge

    <x8, [{Z, <x8, {<Subject, ★ F−Subject, [RH] >, <Predicate, x3 >}>}, ϕ , <

        <x8, [{Z}, ϕ , ϕ]>

        <x3[{V, F−Subject }],<x3,{<Agent, x1>,<Theme,x4>,<Degree,_>}>,<

            <x1, [{N}, <x1, {<Name, 张三 >}>, 张三]>

<x3, [{V}, ϕ , <

    <x3, [{V}, ϕ , <

        <x2, [{Z}, <x6, {<Degree, 越 >}>, 越]>

        <x3, [{V}, ϕ , 喜欢]>

    >]>

    <x4, [{V}, <x4, {<Agent, x9>, <Theme, x7}>, <

        <x9, [{NP}, <x8, {}>, ϕ]>

        <x4, [{V}, ϕ , <,

          <x4, [{V}, ϕ , 买]>

          <x7, [{N}, <x7, {<Kind, 东西 >}>, <

            <x6, [{V}, <x7, {< 贵 , _>}>, <

              <x5, [{Z}, <x7, {< 贵 , 越 >}>, 越]>

              <x6, [{V}, ϕ , 贵]>

            >]>

          <x7, [{N}, ϕ , 东西]>

        >]>

      >]>

    >]>

  >]>

>]>

>]>

(109) は、F–Subject と ★ $_{\text{F–Subject,[RH]}}$ が残ってしまっているため、不適格な出力である。

3 WH連動読み構文

3.1 現象

　中国語において、Cheng & Huang (1996) 以降、次の (1) のような構文が
注目を集めてきた。

(1)　誰　　先　　来，　誰　　先　　　吃。　[Cheng & Huang 1996: 127, (12a)]
　　　誰　先に　来る　誰　先に　食べる
　　　誰ᵢが先に来て、誰ᵢが先に食べる。
　　（＝先に来る人が、先に食べる）

　(1) では、前件と後件に wh-phrase「誰」が生起し、またその訳文に示
されているように、この2つの wh-phrase は同一解釈になっている。本書では、
このような構文を「WH連動読み構文」と呼ぶことにする。① 英語や日本語
ではこの構文に相当するものが見られず、かなり特殊な構文であると言える。
次の 3.1.1 節から 3.1.3 節では、WH連動読み構文の形式、wh-phrase と不定

---

①　「連動読み」という用語は、上山（2000）等で用いられているもので、従来 bound variable anaphora
　　と呼ばれてきた現象を、それがどのように分析されるかとは独立に指すためのものである。たとえ
　　ば、次の (i) では、「どの会社」と「そこ」の間に連動読みが観察される。

(i)　ジョンが [どの会社がそこの取引先をおとしいれた] か知りたがっている。

表現の違い、また WH 連動読み構文と条件文の違いに着目し、その特殊性について考察する。

3.1.1　WH 連動読み構文の形式

WH 連動読み構文は、(1) の「誰」のほかにも、さまざまな wh–phrase によって作ることができる。(2a–g) は、それぞれ「什么」（何）、「哪个学生」（どの学生）、「哪里」（どこ）、「有多」（どのくらい）、「为什么」（なぜ）、「怎么」（どのように）、「几年」（何年）が用いられている。[①]

(2)　a.　你　　　说　 什么 ，我　　信　　 什么 。[Cheung 2006: 155, (21a)]
　　　　あなた　話す　何　　私　信じる　何
　　　　あなたが何ᵢを話し、私は何ᵢを信じる。
　　　　（＝あなたが何を話しても、私はそれを信じる）

　　b.　老师　表扬　 哪个学生 ，李四　就　　 打　 哪个学生 。
　　　　先生　ほめる　どの学生　李四　jiu　殴る　どの学生
　　　　先生がどの学生ᵢをほめ、李四はどの学生ᵢを殴る。
　　　　（＝先生がどの学生をほめても、李四はその学生を殴る）

　　c.　你　　　在　 哪里 ，我　就　在　 哪里 。[Cheung 2006: 155, (21b)]
　　　　あなた　いる　どこ　私　jiu　いる　どこ
　　　　あなたがどこᵢにいて、私はどこ i にいる。
　　　　（＝あなたがいるところに、私はいる）

---

① Cheung (2006) は (2)、たとえば (2a) を「If you say X, I believe X」のように訳しているが、3.1.3 節で述べるように、WH 連動読み構文は条件文と大きく異なる。(2) に示すように、WH 連動読み構文の前件と後件は、それぞれ生起する内容により、バリエーションに富んだ意味的な関係を持ちうる。しかし、どのような文であっても前件と後件の wh–phrase が同じものを指す点において変わらない。(2) では、逐語訳と意訳をつけておくが、これ以降の例文では、意訳だけを示していく。

d. 你 　有多　 高，　 他 　就 　有多 　高。①

　　　　　　　　　　　　　　　　　[Cheung 2006: 155, (21c)]

あなた　どのくらい　背が高い　彼　jiu　どのくらい　背が高い

あなたがどのくらい₁背の高さがあり、彼はどのくらい₁背が高い。

（＝あなたの背の高さぐらい、彼も背の高さがある）

e. 他 　为什么　高兴，我 就　为什么 　伤心。 [Cheung 2006: 156, (21d)]

彼　 なぜ　喜ぶ　私 jiu　 なぜ　悲しむ

彼がなぜ₁喜び、私はなぜ₁悲しむ。

（＝彼が何らかの理由で喜ぶなら、私はその理由で悲しむ）

f. 他 　怎么 　　来，我 就　　怎么 　　离开。②

　　　　　　　　　　　　　　　　　[Cheung 2006: 156, (21e)]

彼　どのように　　来る　私　jiu　どのように　　離れる

彼がどのように₁来て、私はどのように₁離れる。

（＝彼が来る手段で、私は立ち去る）

g. 你 　　去 　了 　美国 　几年， 我 　就 　去 　了
あなた　行く　Asp　アメリカ　何年　私　jiu　行く　Asp

美国 　几年。
アメリカ　　何年

あなたは何年₁アメリカに行って、私は何年₁アメリカに行っていた。

---

① 英語で書かれた先行研究の例文に「ta」が使われている場合、以下では、一貫して男性の「他」を用いて表している。

② 手段を表す「怎么」はWH連動読み構文に生起できるが、原因を表す「怎么」は生起できないようである。

(i) 张三 　怎么 　哭 　了，李四 　就 　怎么 　哭 　了。
張三　 なぜ　泣く　Asp　李四　jiu　 なぜ　泣く　Asp
張三はなぜか泣いたのであれば、李四はなぜか泣いた。

「怎么」の用法の違いについては、Lin (1992), Tsai (1999) を参照のこと。

（＝あなたがアメリカにいたのと同じ年数、私もアメリカにいた。）

[Cheung 2006: 156, (21f)]

このように、どの wh−phrase でも WH 連動読み構文に生起することができる。ただし、wh−phrase は必ず前件にも後件にも生起しなければならない。(3) のように wh−phrase が 1 つしか生起していない文は、容認できない。

(3) a. ⋆谁 先 来，他 先 吃。[Cheng & Huang 1996: 127, (13a)]
誰 先に 来る 彼 先に 食べる

b. ⋆谁 先 来，[e] 先 吃。[Cheng & Huang 1996: 127, (13b)]
誰 先に 来る 先に 食べる

c. ⋆谁 先 来，那个人 先 吃。[Cheng & Huang 1996: 127, (13c)]
誰 先に 来る その人 先に 食べる

d. ⋆谁 先 来，我 不 高兴。[Cheng & Huang 1996: 127, (13d)]
誰 先に 来る 私 Neg 喜ぶ

(3) では、後件に wh−phrase ではなく、それぞれ代名詞、空代名詞、指示表現、前件の wh−phrase を指さない表現が生起しているため、容認されない。これと同様に、後件に wh−phrase が生起し、前件には生起していない文も容認されない。

3.1.2 wh−phrase と不定表現の違い

WH 連動読み構文における wh−phrase は、不定表現（indefinite expression）と見なされることもあるが、そのふるまいは大きく異なっている。(3a) で述べたように、WH 連動読み構文は、後件で代名詞を用いて前件の wh−phrase を指示することができない。しかし、不定表現ではそれが可能である。

(4) a. [一　个　　女孩]ᵢ　主动　　邀请　　你　　　跳舞,

　　　1　CL　女の子　積極的に　誘う　あなた　踊る

　　　说明　　　她ᵢ　喜欢　　你。

　　　説明する　彼女　好き　あなた

　　女の子ᵢが積極的にあなたをダンスに誘うなら、彼女ᵢはあなたの
　ことが好きだろう。

　　b. [有　　人]ᵢ　受伤　　了,张三　把　他ᵢ　送到　　了　医院。

　　　ある　人　　けがする　Asp　張三　Ba　彼　送る　Asp　病院

　　　ある人ᵢがけがをしたので、張三は彼ᵢを病院に送った。

　　cf.[有　　人]　来　　了。

　　　ある　人　　来る　SFP

　　誰かが来た。

　一方で、不定表現は、WH連動読み構文のように用いることができない。①

(5) a. ★[一　个　人]ᵢ　先　　进来,　[一　个　人]ᵢ　先　　吃。

　　　　1　CL　人　先に　入ってくる　1　CL　人　先に　食べる

　　　　≠一人ᵢが先に入ったら、その人ᵢが先に食べる。

　　b. ★[有　人]ᵢ　先　　进来,　[有　人]ᵢ　先　　吃。

　　　　ある　人　先に　入ってくる　ある　人　先に　食べる

　　　　≠誰かᵢが先に入ったら、その人ᵢが先に食べる。

　　c. ★你　　喜欢　[人]ᵢ,　我　就　批评　[人]ᵢ。

---

① 不定表現がWH連動読み構文のように用いられているような構文もあるが、それについては4章
で詳しく述べる。

(i) 张三　见　[一　个　姑娘],　爱　[一　个　姑娘]。

　　張三　会う　1　CL　女の子　愛する　1　CL　女の子

　　張三は女の子に会っては、その女の子を愛する。

　　　　あなた　好き　　人　　私　(jiu)　責める　　人
　　　≠あなたが誰か_iが好きであれば、私はその人_iを責める。

　このように、代名詞によって指示できるか、WH 連動用み構文のような使い方をされるかといった点で、wh-phrase は、一般的に不定表現と見なされる要素とは異なっている。

3.1.3 条件文との違い

　WH 連動読み構文は、条件文のように訳されることもあるが、実際は異なっており、条件文とはみなせないことが注目される。その詳細を、以下に述べていく。

　まず、WH 連動読み構文の解釈は、条件文の解釈と大きく異なる。条件文では、前件が何らかの可能性を表し、その可能性が成立する場合をもとにして後件の内容が展開されている。このとき、前件が表す可能性は事実とはかぎらない。たとえば、(6) の前件は、「あなたをいじめる人がいるかもしれない」という可能性を表しているが、そのような人が存在するとは限らない。

(6)　如果　　誰　　欺負　　你，我　揍　　他。
　　　もし　誰　いじめる　あなた　私　殴る　彼
　　　もし誰かがあなたをいじめるなら、私は彼を殴る。

　それに対して、WH 連動読み構文の前件は可能性を表すものではない。たとえば、(7a) の前件は、「先に家に帰る人がいるなら、…」という意味を表しておらず、むしろ既に「先に家に帰る人がいる」という前提に立っており、「先に家に帰る人が、ご飯を作る」ということを表すのである。(7b)-(7d) も (7a) と同様に、誰かしらの存在を前提としている。

(7) a. 谁　先　回家，　谁　　做饭。

　　 誰　先に　帰る　誰　　ご飯を作る

　　 先に帰宅した者が食事の用意をする。

b. 谁　的　工资　高，　谁　请客。　　　[杉村 1992: 2, (8)]

　　 誰　の　給料　高い　誰　おごる

　　 給料の高い者がおごる。

c. 枪　是　谁　扔　的，谁　就　是　犯罪分子。

　　 銃　COP　誰　捨てる　の　誰　(jiu)　COP　犯罪者

　　 銃を捨てた者、そいつこそが犯人だ。

d. 谁　没　看　过，　我　就　把　票　给　谁。

　　 誰　Neg　見る　Asp　私　(jiu)　Ba　チケット　あげる　誰

　　 見たことのない人に、このチケットをあげる。

次に、「为什么（なぜ）」、「怎么（どのように）」、「有多（どのくらい）」などの語彙は、条件文には生起できないが、WH 連動読み構文には生起できる。

(8) 条件文

a. ＊如果　他　为什么　来，我　就　让　他　跟　你　说话。

　　 もし　彼　なぜ　来る　私　jiu　させる　彼　と　あなた　話す

　　 もし彼がなぜか来たら、私は彼にあなたと話をさせる。

　　　　　　　　　　　　　　　　　　　[Cheng & Huang 1996: 147, (54b)]

b. ＊如果　张三　怎么　欺负　你，　你　告诉　我。

　　 もし　張三　どのように　いじめる　あなた　あなた　教える　私

　　 もし張三がどうにかあなたをいじめるなら、教えてください。

c. ＊如果　张三　有多　爱　小丽，　　小丽

もし　　張三　どのくらい　　愛する　　麗ちゃん　　麗ちゃん

就　　　知足　　　　了。

jiu　　満足する　　　SFP

もし張三がどのくらいか麗ちゃんを愛しているなら、麗ちゃんは
それで十分だ。

(9)　WH 連動読み構文

a.　他　　为什么　　不　来，　我　　就　　为什么　　不　　去。

　　彼　　なぜ　　NEG　来る　私　　なら　　なぜ　　NEG　行く

彼がなぜか来ていないように、私も同じ理由で行かないのだ。

[Cheng & Huang 1996: 147, (53b)]

b.　他　　怎么　　　　做，　　你　　　怎么　　　　做。

　　彼　　どのように　やる　あなた　　どのように　やる

彼がどうにかやったように、あなたも同じ方法でやって。

c.　张三　　有多　　　爱　　小丽，　　小丽　　就

　　張三　どのくらい　愛する　麗ちゃん　麗ちゃん　jiu

有多　　　　爱　　张三。

どのくらい　愛する　張三

張三が麗ちゃんを愛しているぐらい、麗ちゃんも張三を愛している。

さらに、WH 連動読み構文と条件文は、前件が NP になれるかという点
でも異なっている。(10) のように、条件文の前件は NP になれないが、(11)
のように、WH 連動読み構文の前件は NP になれる。①

---

①　wh-phrase が前件 NP の主要部になる文は、WH 連動読み構文として容認されない。

(i)　a.　*[NP 老师　表扬　的　谁]，　受　　　欺负。

　　　先生　ほめる　の　誰　受け身　いじめる

　　　先生がほめた人はいじめられる。

(10) *[NP 如果　　迟到　　　的 人], 就　会　　被　　　　处罚。

　　　 もし　　 遅刻する　 の 人　jiu Aux 受け身　処罰する

　　　 もし遅刻した人がいれば、その人は罰を与えられる。

(11) a. [NP 谁　 的　　 东西] 谁　　　拿走。

　　　　 誰　 の　　 もの　誰　　 持って行く

　　　　 自分の物は自分で持って行け。

　 b. [NP 哪儿 （的） 人], 就　爱　吃　 哪儿　的　　料理

　　　　 どこ　 の 人　　jiu 好き 食べる どこ　 の　 料理

　　　　 みんな地元の料理が好きだ。

---

　 b. *[NP 老师　 表扬 的 谁], 谁　受　　　欺负。

　　　　 先生　 ほめる の 誰　誰 受け身　 いじめる

　　　　 先生がほめた人はいじめられる。

　 cf. ok 老师　 表扬　谁 , 谁　受　　　欺负。

　　　　 先生　 ほめる 誰　誰 受け身　 いじめる

　　　　 先生が誰かをほめれば、その人はいじめられる。

(ii) a. *[NP 张三　 喜欢　 的　 什么东西], 李四　买 了。

　　　　 張三　 好き　 の　 どんなもの 李四　買う SFP

　　　　 張三が好きなものを、李四は買った。

　 b. *[NP 张三　 喜欢　 的　 什么东西], 李四　买　 了　 什么东西。

　　　　 張三　 好き　 の　 どんなもの 李四　買う Asp どんなもの

　　　　 張三が好きなものを、李四は買った。

　 cf. ok 张三　 喜欢　 什么东西 , 李四　（就）　买　 了　 什么东西。

　　　　 張三　 好き　 どんなもの 李四　(jiu)　買う Asp どんなもの

　　　　 張三が好きなものを、李四は買った。

これは、中国語の文構造の制限によるものである。前件の NP が、後件の主語、あるいは意味上の
目的語になる場合、(i-a)、(ii-a) のようにならなければならず、(i-b)、(ii-b) のように、後件に主語
として「谁」、また目的語として「什么东西」が再び生起すると、中国語の文構造に違反してしまう。
しかし、WH 連動読み構文として容認されるためには、前件と後件のそれぞれに wh-phrase が生起
しなければならない。言い換えれば、(i)、(ii) のように wh-phrase が前件の NP の主要部を担う文は、
中国語の文構造の制限と WH 連動読み構文の要請が競合するため、容認されないのである。

c. [NP 什么身份　的　人]，就　说　什么身份　的　话。
　　どの身分　　の　人　(jiu) 話す　どの身分　　の　話
　　自分の身分に似合う話をするべきだ。

　これらの観察により、WH 連動読み構文は、条件文とは異なる構文だと考えるほうが適切であろう。

　ここまで、WH 連動読み構文の特徴を述べてきた。それは、必ず前件と後件にそれぞれ wh-phrase が生起しなければならない点、wh-phrase といわゆる不定表現はふるまいが異なる点、さらに、WH 連動読み構文は、条件文とはみなせない点である。本章では、上記の WH 連動読み構文の特徴に注目し、その構造と解釈を明らかにすることを目的とする。

　wh-phrase を不定表現と区別するため、また WH 連動読み構文における wh-phrase を捉えるために、次節ではまず中国語における wh-phrase 全般を概観し、本書の観点から wh-phrase のさまざまな解釈を捉えていく。その上で、3.3 節では WH 連動読み構文に対する本書の分析を提案する。その次に、3.4 節で先行研究を紹介し、問題点を指摘していく。最後に、3.5 節で本章のまとめを行う。

3.2　wh-phrase の特性

3.2.1　wh-phrase 全般

　周知のとおり、英語の wh 疑問文は、wh-phrase が文頭に移動するのに対して、中国語は wh 疑問文における wh-phrase が文頭に移動せず、そのまま基底生成する位置に現れる。

(12)　What$i$ does John buy t_i?

(13)　張三　　买　　了　　什么？

　　　張三　　買う　Asp　　何

　　　張三は何を買ったの？

　　また、中国語の wh-phrase は、(13) のような疑問用法の他に、非疑問的解釈も持つ。たとえば、(14) における wh-phrase は存在量化（ existential quantification ）の解釈を、(15) における wh-phrase は全称量化（ universal quantification ）の解釈を持つ。

(14)　存在量化

　　a.　張三　　没　　吃　　什么。①　　　　　　　　（ Negation ）

　　　　張三　　Neg　食べる　何

　　　　張三は何も食べていない。

　　b.　張三　　吃　　了　　什么　　吗？　　　　　　（ Question ）

　　　　張三　　食べる　Asp　何　　　Q

　　　　張三は何か食べたの？

　　c.　如果 / 要是　張三　想　　吃　　什么，……。（ Conditional ）

　　　　もし　　　　張三　-たい　食べる　何

　　　　もし張三が何か食べたいなら、……。

(15)　全称量化

　　a.　谁　　都　　喜欢　　小明。

---

①　wh-phrase に対して、数量表現（ numerally quantified NP ）は否定のスコープに含まれてはならない。数量表現は通常 specific である。中国語では specific な NP は positive polarity item であるため、否定文には生起しない（ Huang 1989: 249, 253 ）。

(i)　*張三　没　吃　[一　个　　饅头]。

　　　張三　Neg　食べる　1　CL　饅頭

　　　張三は饅頭1つを食べていない。

誰　　Dou　　好き　　明くん

誰もが明くんが好きだ。

　　b. 张三　　什么　　都　　　吃。

張三　　　何　　　Dou　　食べる

張三は何でも食べる。

　　(14) では、wh-phrase は否定文、疑問文、条件文に生起し、存在量化の解釈を受ける。それに対して、(15) では、wh-phrase は量化副詞の都（dou）と共起し、全称量化の解釈を受ける。ところが、(16) に示すように、wh-phrase は肯定文（affirmative sentence）に生起できない。

(16)　★张三　　买　　了　　　什么。

　　　張三　　買う　　Asp　　何

　　　張三は何かを買った。

　　(13)-(16) のような事実より、中国語の wh-phrase は先行研究において、極性要素（polarity item）として見なされることが多かった［Cheng (1991)、Li (1992)、Aoun & Li (1993)、Cheng & Huang (1996)、Tsai (1994a, b) 等］。つまり、中国語の wh-phrase は、英語の any のような語彙項目と同様に、限られた環境にしか生起できず、またその場合、他の要素から認可（license）されなければならないということである。この点について、Huang et al. (2009) は次のように述べている。中国語の wh-phrase は、Lexicon において「固有の量化の力（inherent quantificational force）」を持っておらず、syntax のレベルで外部の要素によって認可されることで「量化の力」を獲得する、というものである（cf. Huang et al. 2009: 274）。

　　さらに、Huang et al. (2009) は、中国語の wh-phrase のこのような性質が、英語の不定表現が量化副詞と共起する（Lewis 1975）場合に見られる現象に

類似していると指摘した。[①]

(17)　a.　A farmer nowadays is alwaysrich.

　　　　=Every farmer nowadays is rich.

　　　b.　A farmer nowadays issometimes rich.

　　　　=Some farmers nowadays are rich.

　　　c.　A farmer nowadays is seldom rich.

　　　　=Few farmers nowadays are rich.

　　　d.　A farmer nowadays is never rich.

　　　　=No farmers nowadays are rich.

[Huang et al. 2009: 275, (145)]

　　(17) の場合、不定表現の *a farmer* は共起する量化副詞によって、(17a) の
ように全称量化の解釈になることができれば、(17b–c) のようにいくつかの
存在量化の解釈になることもできる。また、(17d) のように、*a farmer* の存在

---

① Tsai (1994a) は、英語の wh-phrase も (i) のようにさまざまな解釈を持つと述べている。ただし、中
国語の wh-phrase は同じ形態を持つが、英語の wh-phrase はそれぞれ異なる形態を持つという。

(i)　a.　Universal　　　　　　　b.　Existential　　　　　　　c.　Interrogative

　　whoever　　　　　　　　　　*somewhat*　　　　　　　　　*who*

　　whatever　　　　　　　　　　*somewhere*　　　　　　　　*what*

　　wherever　　　　　　　　　　*somehow*　　　　　　　　　*where*

　　whenever　　　　　　　　　　*anywhere*　　　　　　　　　*when*

　　however　　　　　　　　　　*nowhere*　　　　　　　　　*how*

　　why

Huang et al. 2009: 276, (148)]

　　中国語と英語のこのような違いが、両言語の wh 疑問文で wh-phrase が文頭に移動するかどう
かの違いをもたらすという。つまり、疑問を表す英語の wh-phrase は Lexicon において抽象的な [＋
Q] を持っている (universal の *-ever* と existential の *some-/any-/no-* と同様な働き) ため、syntax で
は疑問投射のＣとチェックするために文頭に顕在的に移動しなければならない。それに対して、中
国語の wh-phrase は Lexicon では [＋ Q] を持っておらず、かわりに疑問 operator がＣとチェックで
きるため、wh-phrase の顕在的な移動は必要ではないと説明している。　[Huang et al. 2009: 276–277]

は否定されることもある。Huang et al (2009) は、中国語の wh-phrase もこれと同様に、生起する環境によって解釈も変わってくると述べた。

　先行研究の wh-phrase に対する見解は、中国語の wh-phrase の性質をうまく捉えていると言える。しかし、wh-phrase は Lexicon においてどのような形式を持っているか、また syntax のレベルで wh-phrase が疑問詞、存在量化、また全称量化として解釈される場合、それぞれどのように認可されるのかについて具体的に述べられていない。次の 3.2.2 節から 3.2.4 節では、wh-phrase の疑問解釈、存在量化解釈、全称量化解釈の順に、関連する経験的データと本書の考え方を述べていく。

3.2.2　疑問解釈

　疑問解釈の wh-phrase について、Cheng (1991)、Li (1992)、Aoun & Li (1993a, b) 等に従い、疑問 operator が wh-phrase を認可すると考える。[①] では、疑問 operator は具体的にどのように wh-phrase を認可するのだろうか。

　本書では wh-phrase と疑問 operator がそれぞれ何らかの素性を持ち、最終的にそれらがチェックされることによって、wh-phrase が疑問 operator に認可されると考えている。以下では (18) の文を例にして説明していく。

(18)　張三　　去　　哪儿　　*Op*?
　　　張三　行く　どこ
　　　張三はどこに行くの？

　まず、(18) の文は、(19) のように wh-phrase が何らかの素性（仮に○で表す）を持ち、wh 疑問 operator（Op と略して書く）は○素性を受ける側として仮に◎素性を持っていると考える。

[①]　中国語の wh 疑問文に対して、Huang (1982) は wh-phrase が LF 移動をするという分析を提案しているが、Aoun & Li (1993a, b)、Tsai (1994a) は、移動を含まない分析を提案している。

(19)

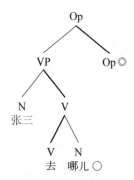

$$Op$$
$$VP \quad Op◎$$
$$N \quad V$$
张三
$$V \quad N$$
去　哪儿○

　　次に、中国語の wh 疑問文は (20) のように、島の制約が観察されないた
め、wh-phrase が持つ○素性は上位構造へどんどん継承されていく素性であ
ると考える。[①]

(20)　複合名詞句

　　a.　[NP[S 誰　　写]　的　　書]　最　　　有趣？
　　　　誰　書く　の　　本　最も　　面白い
　　　　誰が書いた本がもっとも面白いの？　　　　　　　[Lin 2014: 182, (13)]

　　b.　[NP[S[NP[S 張三　　邀请]　的　　哪位　　教授]　做]　的　演讲]　好？
　　　　　　　　　　張三　　誘う　の　どの　CL　教授　する　の　講演　よい

---

① 疑問代詞「谁（誰）、什么（何）、哪儿（どこ）」には島の制約が見られないが、「为什么（なぜ）、
怎么（どうして）」には島の制約が見られると言われている（cf. Lin (1992)、Cole & Hermon (1994)、
Tsai (1999)、Soh (2005)、Wang & Wu (2006)、何（2011））。

(i)　a.　[ok]你　　　爱　看　[谁　写　的]　书？
　　　　あなた　好き　読む　誰　書く　の　本
　　　　誰が書いた本が好きなの？
　　b.　[*]你　　　爱　看　[他　为什么　写　的]　书？
　　　　あなた　好き　読む　彼　なぜ　書く　の　本
　　　　彼がなぜ書いた本が好きなの？
　　c.　[*]你　　　爱　看　[他　怎么　　写（出来）　的]　书？
　　　　あなた　好き　読む　彼　どのように　書く（–上がる）　の　本
　　　　彼がどのように書いた本が好きなの？

張三が誘ったどの教授の講演がいいの？

そうすると、○素性はまず (21) のように V の位置に、その後 (22) のように VP の位置に継承される。

(21)

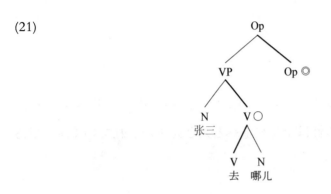

(22)

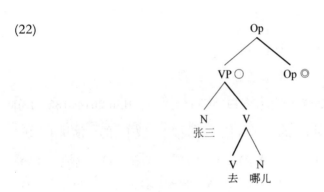

○素性は VP、つまり疑問 operator の Merge 相手の位置に継承されると、疑問 operator の◎素性とチェックすることができる。この操作を通して、wh-phrase は疑問 operator によって認可されると考えられる。

では、こういった本論の考えをどのように表すべきだろうか。本書では、まず、wh-phrase は Numeration において (23) のような形式を持つと考える。

(23)　<xn,[{N, $\boxed{\text{<ind,xn>}}$ },<xn,{<Kind, 人 >,<Identity, unknown>}>, 谁]>

　　　　<xn,[{N, $\boxed{\text{<ind,xn>}}$ },<xn,{<Kind, もの >,<Identity, unknown>}>,什么]>

　　　　<xn,[{N, $\boxed{\text{<ind,xn>}}$ },<xn,{<Kind,場所 >,<Identity, unknown>}>,哪儿]>

　　(23) で、wh-phrase は <ind, xn> という統語素性を持っている。これは上で述べた○素性と対応する。<ind, xn> の ind は indeterminate（不定語）の略であり、これは wh-phrase の具体的な用法が何かに関わるものではなく、それらを総称する名前である[①]。前述のように、この <ind, xn> は、継承されていく素性であるから、不定語は xn であるという情報を mother node に伝えていくことができる。<ind, xn> が具体的にどのように継承されるかを (24) のように規定しておく。これが (21) と (22) で見た操作に相当する。

(24)　　<ind, xn> の継承規定

　　主要部からでも非主要部からでも継承される。

　　また、Lexicon における疑問 operator を次のように表記する。

(25)　疑問 operator

　　[{Z}, <id, {<Focus, $\boxed{\bigstar_{\text{<ind>}}}$ >}>, ϕ]

　　ここで、疑問 operator の統語範疇は、統語操作に影響しないため、Z としておく。また、wh 疑問文において、wh-phrase はある種の焦点であると言えるため、wh 疑問 operator の意味素性として、<Focus, $\bigstar_{\text{<ind>}}$> という property を持つとする。この $\bigstar_{\text{<ind>}}$ は、上で述べた◎素性に対応する。

　　さらに、この <ind, xn> と $\bigstar_{\text{<ind>}}$ はペアになる素性であり、(26) と (27) のようにお互いに素性をチェックすることができると仮定する。

---

① wh-phrase は疑問詞として機能するほかに、日本語の場合、その前後や離れた位置にカやモがあるときには、wh-phrase は存在解釈（誰か、何か等）、また全称量化的な解釈ができる。上山 (2015) は、これらの lexical item のカバーターム（cover term）として不定語と呼んでいる。

(26) <ind, xn> の削除規定

Merge 相手の ★ <ind> を置き換えたら削除される。

(27) ★ <ind> の削除規定

Merge 相手が統語素性 <ind, xn> を持っているとき、xn で置きかえられる。

(27) のように、★ <ind> は xn、いわば wh-phrase の指標番号に置き換えられれば、wh-phrase は疑問 operator によって認可されると考える。このことを (18) の例文を使って説明すると、(28) の Numeration から要素が 2 つずつ選ばれて Merge し、最終的に (28d) について <Focus, x3>（x3 は wh-phrase の指標番号）という意味表示が作られれば、(18) の文を wh 疑問文として見なしてよいという考えである。

(18) 张三　　去　　哪儿　　*Op*?
　　　张三　　行く　　どこ
　　　张三はどこに行くの？

(28) (18) の Numeration

    a.　<x1, [{N}, <x1, {<Name, 张三 >}>, 张三]>

    b.　<x2, [{V}, <x2, {<Kind, 去 >, <Agent, ★[RH] >, <Goal, ★[LH] >}>, 去]>

    c.　<x3, [{N, <ind, x3> }, <x3, {<Kind, 場所 >, <Identity, unknown>}>, 哪儿]>

    d.　<x4, [{Z}, <x4, {<Focus, ★ <ind> >}>, ϕ]>

具体的に見ていこう。まず、(28) から x2 と x3 が Merge し、その後 x1 と Merge したら、(30) のように、VP「张三去哪儿（张三はどこに行く）」

が生成される。この場合、「哪儿（どこ）」が持つ <ind, x3> は、主要部の
x2 に継承されている。

(29)　Merge base = {(28a), (28b), (28c), (28d)}

(28b)<x2, [{V}, <x2, {<Kind, 去 >,<Agent, ★[RH] >, <Goal, ★[LH] >}>, 去]>

(28c)<x3, [{N, <ind, x3> }, <x3, {<Kind, 場所 >, <Identity, unknown>}>,
哪儿]>

⇒ LH－Merge

<x2,[{V, <ind, x3> }, <x2,{<Kind, 去 >,<Agent, ★[RH] >, <Goal,x3>}>, <

<x2, [{V}, φ, 去]>

<x3, [{N}, <x3, {<Kind, 場所 >, <Identity, unknown>}>, 哪儿]>

>]>

(30)　Merge base = {(28a), (28d), (29)}

(28a)<x1, [{N}, <x1, {<Name, 张三 >}>, 张三]>

(29) 省略

⇒ RH－Merge

<x2, [{V, <ind, x3> }, <x2, {<Kind, 去 >,<Agent, x1>, <Goal, x3>}>, <

<x1, [{N}, <x1, {<Name, 张三 >}>, 张三]>

<x2, [{V}, φ, <

<x2, [{V}, φ, 去]>

<x3, [{N}, <x3, {<Kind, 場所 >, <Identity, unknown>}>, 哪儿]>

>]>

>]>

その後、(30) の結果物が x4 と Merge する際、(26)、(27) に従い、x4 の

★ _{<ind>} は x3 に置き換えられ、x4 は <Focus, x3> という property を持つことになる。

(31)　Merge base = {(28d), (30)}

    (28d)<x4, [{Z}, <x4, {<Focus, ★ _{<ind>} >}>, ϕ]>

    (30) 省略

⇒ Merge

    <x4, [{Z}, <x4, {<Focus, x3 >}>, <

        <x4, [{Z}, ϕ, ϕ]>

        <x2, [{V}, <x2, {<Kind, 去 >, <Agent, x1>, <Goal, x3>}>, <

            <x1, [{N}, <x1, {<Name, 张三 >}>, 张三]>

            <x2, [{V}, ϕ, <

                <x2, [{V}, ϕ, 去]>

                <x3, [{N}, <x3, {<Kind, 場 所 >, <Identity, unknown>}>,

                哪儿]>

            >]>

        >]>

    >]>

　最終的な LF 表示から意味素性を取り出してまとめると、(18) の意味表示は (32) になる。

(32)　意味表示

    {<x4, {<Focus, x3>}>

    <x2, {<Kind, 去 >, <Agent, x1>, <Goal, x3>}>

    <x1, {<Name, 张三 >}>

<x3, {<Kind, 場所 >, <Identity, unknown>}> }

これで、x3 の「哪儿」が疑問詞として認可され、「张三去哪儿（張三はどこに行くの）」は疑問文として解釈される。

3.2.3　存在量化解釈

Li (1992) は存在量化解釈の wh-phrase に関するもっとも重要な研究である。Li (1992) によると、存在量化解釈の wh-phrase は、(14) のような否定極性コンテクスト（negative polarity context）のみに生起するのではなく、(33)–(35) が示すように、非叙実動詞（non-factive verb）の目的語節、不確定性（uncertainty）を表す文脈、また推測を表す「了」の文脈にも生起できるという。

(33)　非叙実動詞の目的語節

我　以为　[他　喜欢　[什么　（东西）]]。　　　[cf. Li 1992: 129, (10b)]
私　思う　彼　好き　何　（もの）
私は、彼は何か（のもの）が好きだと思う。

cf.　他　　喜欢　[什么　（东西）]。　　　　[Li 1992: 129, (10a)]
　　彼　　好き　何　　（もの）
　　≠彼は何かが好きだ。

(34)　不確定性を表す文脈

他　　好像　喜欢　[什么]。　　　　　[Li 1992: 131, (17c)]
彼　　ようだ　好き　何
彼は何かが好きなようだ。

cf.　他　　喜欢　[什么]。
　　彼　　好き　何

≠彼は何かが好きだ。

(35)　推測を表す *le*[①]

| 他 | 看到 | [什么] | 了。 | | | [Li 1992: 133, (19b)] |

彼　　見かける　　何　　　SFP

彼は何かを見かけた。

cf.　他　　看到　　[什么]。　　　　　　　　　　　　[Li 1992: 133, (19a)]

彼　　見かける　　何

≠彼は何かを見かけた。

　上記の現象に基づいて、Li (1992) は、存在量化解釈の wh-phrase は「命題の真理値が定まらないコンテクストによって認可される」と提案し、これが wh-phrase が存在量化として解釈される意味条件であるとした。[②]

　また、Li (1992) は wh-phrase は存在量化として解釈されるために、統語的な条件を満たす必要があることも指摘した。(36) のように、wh-phrase はそれを存在量化として解釈させる licenser の c 統御領域の中に存在しなければならない。

(36)　a.　他　　不　　喜欢　　<u>什么</u>。　　　　　　[Li 1992: 135, (23a)]

彼　　Neg　　好き　　何

彼は何かが好きではない。

　　　b.　[他　　不　　来]　　对　　<u>什么人</u>　　最　　好。

---

①　Li (1992) によると、文末助詞の「了」は物事の何かの状態変化を表すが、この変化を話者が直接目撃してもしなくてもよいという。直接目撃しない場合、話者は周囲の環境の変化から物事の変化に対して推測をすることがある。この推測は不確実性に満ちているため、存在量化解釈の wh-phrase の生起を認可してしまう。

②　"An indefinite *Wh* is licensed in contexts where the truth value of the proposition is not positively fixed in a definite manner."　　　　　　　　　　　　　　　　　　　[Li 1992: 134, ll.1-3]

[Li 1992: 135, (24)]

　　彼　Neg　来る　にとって　どんな人　一番　よい

　　≠彼が来ないのは誰かにとって最もいいことだ。

　c.　<u>什么人</u>　不　　喜欢　他。　　　　[Li 1992: 135, (23c)]

　　どんな人　Neg　好き　彼

　　≠誰かが彼のことが好きではない。

　(36a) の wh-phrase「什么（何）」は不（bu）によって c 統御されている
ため、存在量化として解釈することができる。それに対して、(36b) と (36c)
の wh-phrase「什么人（どんな人）」は不（bu）によって c 統御されないため、
存在量化の解釈ができない。ただし、上記の 3 つの例文はすべて、文末に疑
問イントネーションがある場合には wh 疑問文として解釈できる。

　　また、Lin (1998) では wh-phrase が存在量化として解釈される環境を 3
つのグループに分けている。①

(37)　グループ A：　　NPI が生起する典型的な環境（否定文、疑問文、条件文）

　　　グループ B：　　認識的モダリティが関わる文脈

　　　グループ C：　　「未来」と関わる文脈

(38)　グループ A

　a.　Negation

　　　我　　没　买　（★个）　[什么　（东西）]。　[Lin 1998: 220, (1a)]

　　　私　Neg　買う　（★CL）　　何　　（もの）

　　　私は何も買っていない。

---

① Lin (1998) は、グループ A、B、C の順で、wh-phrase を認可する力が弱くなっていき、助数詞との
　共起が求められる傾向が強くなると述べた。

b.　A-not-A Question

你　　　　　认不认识　　（★个）　[什么　大人物]？

[Lin 1998: 221, (4)]

あなた　　知る -Neg- 知る　　（CL）　　　何　　大物

あなたは何の大物と知りあいなの？

(39)　グループ B

a.　Epistemic adverb

可能　/　想必　[谁]　又　　欺负　　他　了。

[Lin 1998: 222, (12a)]

おそらく　きっと　誰　また　いじめる　彼　SFP

おそらく/きっと誰かがまた彼をいじめたのだろう。

b.　Inference *le*

他　　　看到　　　[什么]　　了。　[Lin 1998: 224, (18)]

ta　　kandao　　shenme　　le

彼　　見かける　　何　　SFP

彼は何かを見かけた。

(40)　グループ C

a.　Modal verb

我　明天　会　去　买★(个)　[什么东西]　　送　　他　的。

私　明日 Aux　行く　買う(CL)　何 - もの　贈る　彼　　SFP

私は明日何かを買って彼に贈るよ。

[Lin 1998: 225, (19)]

b.　Imperative

过来　　　　吃　★(点)　[什么]　　吧！ [Lin 1998: 226, (21b)]
寄ってくる　食べる　(CL)　何か　SFP

こっちに来て何か食べて。

このように、wh-phrase が存在量化として解釈される場合には、さまざまな文脈が関わっているようである。この場合の wh-phrase を統一的に説明するために、これらの文において、wh-phrase を認可する節レベルの機能範疇があると考える。この機能範疇は、統語素性として★ $_{<ind>}$ を持っており、前述した疑問 operator と同様に、wh-phrase の持つ素性 <ind, xn> が継承されると、それとチェックされる。その上で、この機能範疇は、「好像（ようだ）」、「可能（おそらく）」のような文全体の意味に関わる語彙と Merge し、上記の文が生成されると考える。

3.2.4　全称量化解釈

前述したように、wh-phrase は都（dou）と共起する場合に、全称量化の解釈を受ける。また、(41) と (42) が示すように、wh-phrase は都（dou）の左側に生起する場合のみ、全称量化として解釈される（Li & Thompson (1981)、Lee (1986)、Cheng (1995)、Wu (1999)）。[①]

(41)　wh-phrase が主語の場合

[谁]　都　喜欢　吃　肉。
誰　Dou　好き　食べる　肉

誰でも肉を食べるのが好きだ。

[①]　wh-phrase だけではなく、(i) のように、都（dou）の左側に生起する NP は都（dou）によって量化されうる。都（dou）の量化については、Cheng (1995)、Wu (1999) などを参照のこと。

(i)　他们　都　来　了。
彼ら　Dou　来る　SFP

彼ら全員が来た。

(42)　wh-phrase が目的語の場合

   a.　张三　　　都　　　吃　　[什么]。

     張三　　　Dou　　食べる　　何

     ≠張三は何でも食べる。①

   b.　张三　　[什么]　　都　　　吃。

     張三　　　何　　　Dou　食べる

     張三は何でも食べる。

   c.　[什么]　张三　　　都　　　　吃。

     何　　　張三　　Dou　　　食べる

     張三は何でも食べる。

　　(41) では、主語の wh-phrase は通常、都（dou）の左側に生起するため、SVO という語順のままでも都（dou）によって量化される。それに対して、(42) の場合、目的語の wh-phrase が都（dou）によって量化されるためには、(42b) と (42c) のように、wh-phrase が都（dou）の左側に前置されなければならない。

　　また、wh-phrase は文主語や修飾節などの島に埋め込まれた際にも都（dou）によって量化されうる。

(43)　a.　[李四　吃　[什么]]　都　　跟　　我　　无关。

     李四　食べる　　何　　Dou　　と　　私　　無関係

     李四が何を食べても私と関係ない。

   b.　[[谁]　写　　的　　书]　我　　都　　看。

     誰　書く　　の　　本　　私　　Dou　読む

     誰が書いた本でも私は読む。

　　このように、wh-phrase が全称量化として解釈される場合、都（dou）

---

① 文末に疑問マーカーがあれば、「張三は一般的に何を食べるの」という疑問文として解釈されうる。

が統語素性として★ <ind> を持つと考えたほうが適切であろう。この★ <ind> は、wh-phrase から継承されてきた <ind, xn> とチェックすることにより、wh-phrase が認可される。

　ところが、wh-phrase が全称量化の解釈として認可されるのは、wh-phrase が都(dou)の左側に生起する場合のみである。また、この場合、都(dou)の右側に生起する述語の部分が表すデキゴトに対して、同様なデキゴトがたくさん起きる解釈ができ、いわゆる全称量化の解釈が生じている。これはどのように捉えられるだろうか。

　これについて、都（ dou ）の左側に生起する部分と右側に生起する部分が 1 つの Predication を成しており、都（ dou ）は、この Predication を対象にとり、その左側の部分（ Subject ）と右側の部分（ Predicate ）に対してそれぞれなんらかの制限あるいは操作をかけると考えると、対応することができる。Lexicon における都（ dou ）の形式を (44) のように記す。

(44)　[{Z, <id,{<Subject, ★ <ind>>, <Predicate, ★ >}>, Partitioning}, ϕ, 都]

　まず、上記の例文で wh-phrase が都（ dou ）の左側に生起しなければならないのは、この Predication の左側（ Subject ）が★ <ind> を持っているためだと考えられる。なぜなら、中国語において、都（ dou ）は Subject の右側に来る必要があるからである。Subject が★ <ind> を持っているとすると、wh-phrase が都（ dou ）の左側に生起することを保障できる。

　次に、上記の文で述語の部分が表すデキゴトに対して、同様なデキゴトがたくさん起きる解釈ができる、つまり全称量化の解釈が生じるのは、都（ dou ）は、その前後で構成される Predication の述部（ Predicate ）に対して、Partitioning という統語操作をかけるからだと考える。この Partitioning の操作は、Predication の述部によって表されるデキゴトについて、同様なデキゴ

トがたくさん生じるという解釈を作ることができる。そのため、都（dou）が関わる文は全称量化の解釈ができる。Partitioning の操作そのものは、本書の議論から外れるため、特に紹介しない。詳しい説明については、上山（2015）の6章を参照してほしい。

3.2.5 まとめ

以上、本節では中国語の wh-phrase のさまざまな解釈について見てきた。そして、wh-phrase は Numeration において (23) という一定の形式を持ち、その統語素性 <ind, xn> は上位構造へどんどん継承されていくという本書の考え方を述べた。

(23)　<xn,[{N, <ind,xn> },<xn,{<Kind, 人 >,<Identity, unknown>}>, 谁]>
　　　<xn,[{N, <ind,xn> },<xn,{<Kind, もの >,<Identity, unknown>}>, 什么]>
　　　<xn,[{N, <ind,xn> },<xn,{<Kind, 場所 >,<Identity, unknown>}>, 哪儿]>

<ind, xn> は syntax の段階で、★ $_{ind}$ を持つ要素によって認可されるが、実際にはこのような要素がいくつかあり、それぞれ異なるため、結果的に wh-phrase はさまざまな解釈を受けるのである。wh-phrase というものの特性を包括的に捉え、その Numeration における形式を考えた上で、次節では WH 連動読み構文について考えていきたい。

3.3　WH 連動読み構文の分析

3.3.1　WH 連動読み構文の構造と意味表示

3.1 節で、WH 連動読み構文では前件の wh-phrase と後件の wh-phrase

が同じ解釈になることを述べた。このことはどのように説明されるべきだろうか。本書では、(46) のように、音声的に実現されない機能範疇が、前件のwh-phrase と後件の wh-phrase を取り立ててそれらを結びつけるため、前件の wh-phrase と後件の wh-phrase が同じ解釈になると考える。本書では、この機能範疇を Q-Predication と呼ぶことにする。

(45)　機能範疇 Q-Predication

$$<\text{xn},[\{\text{Z}, <\text{xn}, \{<\text{Subject}, \boxed{\bigstar_{<\text{ind}>}, [\text{RH}]}>, <\text{Predicate}, \boxed{\bigstar_{<\text{ind}>}, [\text{LH}]}>\}>\}, \phi, \phi]>$$

Q-Predication の範疇素性は統語操作に影響を与えないため、ここではZ としておく。Q-Predication は統語素性として <xn, {<Subject, $\bigstar_{<\text{ind}>}$, [RH] >, <Predicate, $\bigstar_{<\text{ind}>}$, [LH] >}> を持ち、Subject と Predicate にそれぞれ解釈不可能素性 $\bigstar_{<\text{ind}>}$ が置かれているため、<ind, xn> とチェックされることが求められる。また (46) において、Subject となる要素が、Q-Predication（主要部）と Merge する場合には、主要部が Subject の右側に生起しなければならない。この点を踏まえ、Subject という項目（attribute）の値に $\bigstar_{<\text{ind}>}$ 以外に、[RH] を規定している。それに対して、Predicate となる要素が、Q-Predication（主要部）と Merge する場合は、主要部が Predicate の左側に生起しなければならない。そのため、Predicate の値に $\bigstar_{<\text{ind}>}$ 以外に、[LH] を規定しておく。[①]

つまり、この構文は最終的に「xm は xk だ」（xm は前件の wh-phraseが持つ指標番号、xk は後件の wh-phrase が持つ指標番号）という意味表示が作られるため、結果的に「wh-phrase= wh-phrase」という解釈が生じると考える。つまり、WH 連動読み構文は (46) の構造を成しているということである。

---

① 　[RH]と[LH]は、1章で述べたMerge規則であり、それぞれ主要部が右側にMergeする（Right-Headed Merge、略してRH）と、主要部が左側にMergeする（Left-Headed Merge、略してLH）と規定するものである。

(46)　WH 連動読み構文の構造

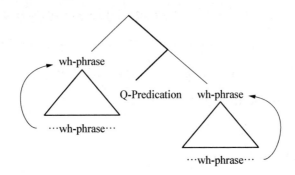

　　WH 連動読み構文は、(46) のように Q-Predication によって結ばれ、「wh-phrase は wh-phrase だ」という関係が作られている。これが、前件の wh-phrase が後件の wh-phrase と同様の解釈になる理由である。

　　たとえば、(47) は、「張三が何を話す、李四が何を信じる」という文であるが、「張三が話すことは李四が信じることだ」と解釈される。

(47)　張三　　　说　　什么，　李四　　　信　　什么。
　　　張三　　話す　　何　　　李四　　信じる　　何
　　　張三が話すことは、李四が信じることだ。

(48)　(47) の構造

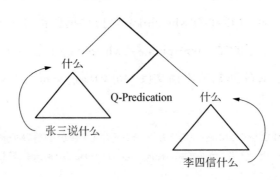

では、WH連動読み構文のこのような意味表示はどのように作られるのだろうか。3.2.2節で既に、wh-phraseのNumerationにおける形式を(23)のように考えた。また、Q-Predicationを(46)のように考えた。

(23)　<xn,[{N, <ind,xn> },<xn,{<Kind, 人 >,<Identity, unknown>}>, 谁]>
　　　<xn,[{N, <ind,xn> },<xn,{<Kind, も の >,<Identity, unknown>}>,
　　　什么]>

　　　<xn,[{N, <ind,xn> },<xn,{<Kind, 場 所 >,<Identity, unknown>}>,
　　　哪儿]>

(46)　機能範疇 Q-Predication
　　　<xn,[{Z, <xn, {<Subject, ★ <ind>, [RH] >, <Predicate, ★ <ind>, [LH]
　　　>}>},φ,φ]>

　　前述のように、wh-phraseが持つ素性 <ind, xn> は、最終的にQ-Predicationの統語素性★ <ind>, [RH]、★ <ind>, [LH] とチェックし、それらを置き換える必要がある。Lexiconから wh-phrase が2つ選ばれ、Numerationに入力される際に、この2つの wh-phrase には、それぞれ異なる指標番号を付与される。たとえば、(47)の「张三说什么，李四信什么」のNumerationは(50)のようになる。

(49)　Numeration (wh-phrase と Q-Predication の部分のみ)

　　a.　<xm, [{N, <ind,xm> }, <xm, {<Kind, もの >, <Identity, unknown>}>,
　　　　什么]>

　　b.　<xk, [{N, <ind,xk> }, <xk, {<Kind, もの >, <Identity, unknown>}>,
　　　　什么]>

　　　　…

g.   <xh, [{Z, <xh, {<Subject, $\boxed{\bigstar_{<ind>, [RH]}}$ >, <Predicate, $\boxed{\bigstar_{<ind>, [LH]}}$ >}>}, ϕ, ϕ]>

(50) で xm と xk が持つ <ind, xm> と <ind, xk> は上位構造へどんどん継承されていき、最終的にそれらを持つ要素がそれぞれ Q-Predication と Merge する。その際、<ind, xm> と <ind, xk> は、それぞれ $\bigstar_{<ind>, [RH]}$、$\bigstar_{<ind>, [LH]}$ とチェックし、それらを置き換える。

(50)   <ind, xn> の削除規定

    Merge 相手の $\bigstar_{<ind>}$ を置き換えたら削除される。

(51) $\bigstar_{<ind>, [RH]}$ の削除規定

    $\bigstar_{<ind>, [RH]}$ は <ind, xn> を持つ要素と RH-Merge した際に xn で置きかえられる。

    $\bigstar_{<ind>, [LH]}$ の削除規定:

    $\bigstar_{<ind>, [LH]}$ は <ind, xn> を持つ要素と LH-Merge した際に xn で置きかえられる。

    (50)、(51) に従えば、<ind, xm> と <ind, xk> の xm と xk は、最終的に Q-Predication の Subject と Predicate の位置にある $\bigstar_{<ind>}$ を置き換える。[①]

(52)   <xh, [{Z, <xh, {<Subject, xm >, <Predicate, xk >}>}, ϕ, ϕ]>

    (52) では、xm が Subject になっており、xk が Predicate になっているため、「xm は xk だ」という意味が作られた。このように、WH 連動読み構文で

---

① xm と xk のどちらが Subject に入り、どちらが Predicate に入るかという点は文法では制限されない。ただし、前件と後件に何らかの意味関係がある場合、容認されるか容認されないかは、世界知識によって判断されるだろう。

は「wh-phrase = wh-phrase」という意味関係が成立するから、前件の wh-phrase と後件の wh-phrase が同一のものを指すことができるわけである。

　ここまで、WH 連動読み構文で意味がどのように構築されるかを紹介してきた。Numeration から最終的に WH 連動読み構文が構築されるまでの詳しい計算については、Appendix を参照してほしい。

　このように WH 連動読み構文を考えると、(3) が容認されない事実を説明することができる。3.1.1 節で述べたように、WH 連動読み構文において、wh-phrase は必ず前件にも後件にも生起しなければならず、(3) のように後件の wh-phrase の代わりに、代名詞、空代名詞、定表現、また前件の wh-phrase を指さない表現が用いられると、容認されない。

(1) 谁 先 来, 谁 先 吃。[Cheng & Huang 1996: 127, (12a)]
　　誰 先に 来る 誰 先に 食べる
　　先に来る人が、先に食べる。

(3) a. ＊谁 先 来, 他 先 吃。[Cheng & Huang 1996: 127, (13a)]
　　　　誰 先に 来る　彼 先に 食べる

　　b. ＊谁 先 来, [e] 先 吃。[Cheng & Huang 1996: 127, (13b)]
　　　　誰 先に 来る　　先に 食べる

　　c. ＊谁 先 来, 那个人 先 吃。
　　　　　　　　　　　　　　　　[Cheng & Huang 1996: 127, (13c)]
　　　　誰 先に 来る　その人 先に 食べる

　d. ＊谁 先 来, 我 不 高兴。[Cheng & Huang 1996: 127, (13d)]
　　　　誰 先に 来る 私 Neg 喜ぶ

本書の分析から考えると、(3) が容認されないのは、Q-Predication が持

つ解釈不可能素性★ $_{<ind>, [LH]}$ が残ってしまうことに起因する[①]。前述のように、解釈不可能素性★ $_{<ind>, [LH]}$ は、<ind, xn> を持つ要素と LH-Merge し、xn によって置き換えられる場合にのみ削除される。ところが、(3) の各文の Numeration に、素性 <ind, xn> を持ち、★ $_{<ind>,[LH]}$ と Merge できる要素はない。そのため、Q-Predication が持つ解釈不可能素性★ $_{<ind>, [LH]}$ が残ってしまい、(3) は非文法的になるわけである。

　以上、本節では、WH 連動読み構文は「wh-phrase = wh-phrase」という意味関係が作られることによって、前件の wh-phrase と後件の wh-phrase が同一解釈になるという分析を提示した。この分析を採用すれば、以下 3.3.2 節と 3.3.3 節に挙げる WH 連動読み構文の特徴をうまく捉えられる。

3.3.2　wh-phrase の生起位置

　本書の提案は、WH 連動読み構文における wh-phrase がどのような位置にも生起しうることを説明できる。

　(53) に示すように、wh-phrase はさまざまな文法位置に生起することができる。

(53)　主語 – 主語

　　a.　誰　先　来，　誰　先　　吃。[Cheng & Huang 1996: 127, (12a)]
　　　　誰　先に　来る　誰　先に　食べる
　　　　先に来る人が、先に食べる。

　　目的語 – 目的語
　　b.　你　　喜欢　誰，　我　就　批评　誰。

　　　　　　　　　　　　　　　　[Cheng & Huang 1996: 128, (14a)]

[①]　後件に wh-phrase が生起し、前件に wh-phrase の代わりに代名詞などが生起する文も容認されない。その場合、Q-Predication が持つ解釈不可能素性★ $_{<ind>, [RH]}$ が残ってしまうため、容認されないのだと説明することができる。

あなた　好き　誰　私　jiu　責める　誰

あなたが誰が好きであっても、私はその人をを責める。

主語 – 目的語

c. 誰　先　　进来，　我　先　打　誰。

[Cheng & Huang 1996: 128, (15a)]

誰　先に　入ってくる　私　先に　殴る　誰

私は、先に入ってくる人を殴る。

目的語 – 主語

d. 你　　喜欢　誰，　誰　　　倒霉。

[Cheng & Huang 1996: 128, (16a)]

あなた　好き　誰　誰　うまくいかない

あなたが誰が好きであっても、その人はうまく行かない。

修飾語 – 主語

e. [誰　的　工资] 高，　誰　请客。　　[杉村 1992: 2, (8)]

誰　の　給料　高い　誰　おごる

給料の高い人がおごる。

修飾語 – 目的語

f. 是　誰的 責任，咱们　就　处理　誰。[杉村 1992: 2, (9)]

Cop　誰 の　責任　私たち　jiu　処分する　誰

責任を負うべきものであれば、我々はそいつを処分する。

修飾語 – 修飾語

g. [誰　的　办法] 可　行，我们　就　按　[誰

誰　の　やり方　うまく　いく　私たち　jiu　従う　誰

的　办法] 办。

[杉村 1992: 2, (7)]

の　　やり方　　する

実行可能であれば、誰のやり方であろうとその方法でやろう。

また、(54)-(56)、(57)が示しているように、wh-phrase は修飾語節にも、文主語あるいは文目的語の中にも生起することができる。

(54)　主語修飾節

a. [[谁　　　做　　　的] 产品] 好, 领导　　表扬　　 谁。
　　誰　　作る　　の　　製品　　よい　上司　　ほめる　　誰
　　誰であろうと、作った製品がよければ、上司はその人をほめる。

b. [[[[谁　　做　　　的] 产品]　　带来　　的] 效益] 大,
　　誰　　作る　　の　　製品　　もたらす　の　利益　大きい
　　领导　　就　　表扬　　 谁。
　　上司　　jiu　　ほめる　　誰
　　誰であろうと、作った製品がもたらす収益が多ければ、上司は
　　その人をほめる。

(55)　目的語修飾節

a. 领导　　喜欢　　 谁 , 李四　　就　　讨厌 [[谁　　请来　　的]
　　上司　　好き　　誰　李四　　jiu　嫌う　誰　誘う　　の
　　作家]。
　　作家
　　上司が誰かが好きだと、李四は [その人が誘ってきた作家] を嫌う。

b. 领导　　喜欢　　 谁 , 李四　　就　　讨厌 [[[[谁　　请来　　的]
　　上司　　好き　　誰　李四　　jiu　嫌う　　誰　誘う　　の
　　作家]　写　　　的] 书]。

作家　　書く　　の　　本

上司が誰かが好きだと、李四は [[その人が誘った作家] が書いた本]
を嫌う。

(56) 付加詞

a. 你　　　　[在　哪儿　　玩　的　时候]　最　　开心,

あなた　　で　どこ　遊ぶ　の　時　最も　喜ぶ

我　　就　　[在　哪儿　　玩　的　时候]　最　　开心。

私　jiu　　で　どこ　遊ぶ　の　とき　最も　喜ぶ

あなたがどこかで遊んだ時に一番喜んでいたなら、私もそこで遊ん

だ時は一番喜んでいた。

b. 张三　　[为了　什么　梦想]　去　　　留学,

张三　　~ため　　何の夢　行く　留学する

我　　就　　[为了　什么　梦想]　到　　大学　　旁听。

私　jiu　~ため　何の夢　つく　大学　聴講する

张三は何かの夢のために留学しているなら、私もその夢のために大

学で聴講している。

(57) 文主語

a. [张三　　做　什么事]　　　　对　　　学习　有利,

张三　やる　何−こと　にとって　勉強　有利

老师　就　让　张三　做　什么事。

先生　jiu　させる　张三　する　何−こと

[張三が何かする]と勉強にいい影響があるのなら、先生は張三に

それをやらせる。

文目的語

b. 你　　　　経常　　跟　　誰　　在　　　一起，
　　あなた　　よく　　と　　誰　　いる　　一緒に
　　人们　　就　　自然　　认为　[你　和　誰　是　　好朋友]。
　　人々　　jiu　自然に　思う　あなた　と　誰　繋辞　よい友達
　　あなたが誰かとよく一緒にいれば、人々は、[あなたがその人と友
　　達だ] と考える。

　本書では、wh-phrase は素性 <ind, xn> を持ち、この素性が上位構造に
継承されると考えている。(53)-(57) のように、wh-phrase がどのような位
置に生起しても、<ind, xn> が上位構造へ継承され、最終的に Q-Predication
に受け取られうるため、これらの WH 連動読み構文が容認できることは説
明される。

3.3.3　WH 連動読み構文が生起できない環境

　WH 連動読み構文が以下に示す環境に生起できないことも、本書の提案
から導くことができる。

　まず、(58) の WH 連動読み構文は、(59) のように [-WH] 動詞の目的語
節に生起することができる。

(58)　a.　（李四　　说）　他　什么时候　　毕业，　什么时候　　结婚。
　　　　　（李四　　言う）彼　　いつ　　卒業する　　いつ　　結婚する
　　　　　（李四はこう言っている）彼は卒業する時に結婚する。

　　　b.　（クラスで大掃除することになり、誰が水を汲んでくるかについ
　　　　　て議論した時に、班長が言う）
　　　　　誰　　负责　　擦　　窗户，　誰　　打　　水。
　　　　　誰　　担当する　拭く　窓　　誰　　汲む　水

窓の清掃を担当する人が、水を汲む（のだ / べきだ）。

(59)　a.　[－WH] 動詞の目的語節

　　　　妈妈　　　　希望　[李四　什么时候　毕业, 什么时候　结婚]。
　　　　お母さん　期待する　李四　　いつ　卒業する　いつ　結婚する
　　　　お母さんは、李四が卒業する時に結婚すると期待している。

　　　b.　[－WH] 動詞の目的語節

　　　　班长　　　　希望　[谁　负责　擦　窗户, 谁　打　水]。
　　　　班長さん　期待する　誰　担当する　拭く　窓　誰　汲む　水
　　　　班長は、窓の清掃を担当する人が水を取ってくると期待している。

　しかし、WH 連動読み構文は、(60) のように [+WH] の動詞の目的語節
に生起できない。

(60)　a.　（(59a) と比較）

　　　　＊张三　　想知道　[李四　什么时候　毕业, 什么时候　结婚]。
　　　　張三　知りたがる　李四　いつ　卒業する　いつ　結婚する

　　　b.　（(59b) と比較）

　　　　＊张三　问　[谁　负责　擦　窗户, 谁　打　水]。
　　　　張三　聞く　誰　担当する　拭く　窓　誰　汲む　水

　(60) では、「想知道（知りたがる）」と「问（聞く）」は、[+WH] の
動詞である。このような動詞が取る複文の目的語節に wh-phrase が前件と後
件に 1 つずつ生起すると、連動読みの解釈ができない。

　このような現象も、本書の提案を用いて以下のように説明できる。主節
に [+WH] 動詞が生起する場合、目的語節に疑問 operator が生起しなければ
ならない。それが Q-Predication と競合して wh-phrase を取りたがることに

より、wh-phraseはどちらとも素性をチェックすることができなくなる。よって、WH連動読み構文が[+WH]動詞の目的語節に生起できないのである。

　また、wh-phraseを存在量化や全称量化として解釈させる別の機能範疇あるいは語彙が関わる場合にも、WH連動読み構文は容認されない。

　3.2.3節で述べたように、「如果（もし）」（条件）や「不（否定詞）」（否定）と共起する機能範疇はwh-phraseを存在量化として解釈させることができる。そのため、(61a)はWH連動読み構文として容認されるが、(61b,c)のように「如果（もし））」、「不要（～しないで）」が生起すると、WH連動読み構文として容認されなくなる。

(61)　a.　你　　　　看到　　誰,　　叫　　　誰　　来　　見　　我。
　　　　　あなた　見かける　誰　－させる　誰　来る　会う　私
　　　　　見かけた人を私に会いに来させて。

　　　b.　★如果　你　　　看到　　誰,　　叫　　誰　来　見　我。
　　　　　　もし　あなた　見かける　誰　－させる　誰　来る　会う　私
　　　　　　もしあなたが誰かを見かけたら、その人を私に会いに来させて。

[cf. Cheng & Huang 1996: 131, (23a)]

　　　c.　★你　　　　看見　　誰,　　不要　　　叫　　　誰
　　　　　　あなた　　見かける　誰　－しないで　させる　誰
　　　　　　来　　　見　　我。
　　　　　　来る　　会う　私
　　　　　　誰かを見かけたら、私に会いに来させないで。

　また、3.2.4節で述べたように、都（dou）はwh-phraseを全称量化として解釈させることができる。よって、(62a)はWH連動読み構文として容認されるが、(62b)のように都（dou）と共起すると、容認されなくなる。

(62)　a.　誰 喜欢 小动物，誰 （就） 有 爱心。

　　　　誰　好き　動物　　誰　(jiu)　ある　愛心

　　　　動物が好きな人は思いやりを持っている。

　　b.　*誰 喜欢 小动物，誰 都 有 爱心。

　　　　誰　好き　　動物　　誰　Dou　ある　愛心

　　　　動物が好きな人は、思いやりを持っている。

　(61b,c)、(62b) では、wh-phrase を存在量化として解釈させる機能範疇、あるいは都 (dou) が Q-Predication と競合して wh-phrase を取りたがっていることにより、wh-phrase のステータスが定まらず、容認されないのである。

3.4　先行研究とその問題点

　3.1 節で少しふれたが、中国語における WH 連動読み構文が注目されたきっかけは、Cheng & Huang (1996) の研究であった。Cheng & Huang (1996) は、WH 連動読み構文における wh-phrase を不定表現の 1 つとした。また、WH 連動読み構文を条件文と見なした上で、それまで英語の不定表現がかかわる条件文（*If a man owns a donkey, he beats it.* のような文）に提案された unselective binding という分析を、WH 連動読み構文に適用した。①しかし、3.1 節で観察しているように、WH 連動読み構文は、一般の不定表現とも、条件文とも大きく異なっている。そのため、Cheng & Huang (1996) の分析は本質的に間違っていると言える。しかし、Cheng & Huang (1996) における WH 連動読み構文の分析は、その後 Huang et al. (2009)（ cf. 9 章 ）にも受け継が

___

① 　Cheng & Huang (1996) は、WH 連動読み構文に「if」に対応する語彙が含まれないことに注目し、この構文を「bare conditional」と考えていた。

れており、現在でも主流の分析になっているようである。[1]

　以下、本節は、次のように展開していく。まず3.4.1節では、unselective bindingがどういうものかを紹介し、次に3.4.2節でCheng & Huang (1996)におけるWH連動読み構文の分析を述べる。その後、3.4.3節でCheng & Huang (1996) の問題点を指摘する。

3.4.1　unselective binding

　Cheng & Huang (1996) は、WH連動読み構文にはunselective bindingが関わっていると主張している。まず、そのunselective bindingについて、背景を説明しておく。

　不定表現は、(63) のように、通常、存在量化詞に相当すると考えられてきたが、Geach(1962) は、(64) のような文の場合、全称量化詞に対応しているように見えると指摘した。

(63)　A man came in.

　　　$\exists x(x \text{ is a man } \& \text{ } x \text{ came in})$

(64)　If a man$_i$ owns a donkey$_j$, he$_i$ beats it$_j$.[2]　　[Cheng & Huang 1996: 121, (1)]

　　　$\forall x,y(x \text{ is a man } \& \text{ } y \text{ is a donkey} \& \text{ } x \text{ owns } y)[x \text{ beats } y]$

　また、通常、代名詞は(65) のように全称量化詞に対応する表現によって、構造的にc統御されている際にのみ、その全称量化詞が束縛する変項になれる。しかし (64) では、heもitも「a man」や「a donkey」にc統御されてい

---

[1]　WH連動読み構文に関する研究には、Pan & Jiang (1997)、Huang (2008, 2010)、BrueningTran (2010)、Luo&Crain (2011)、Crain&Luo (2011) などもあるが、これらの研究も、Cheng & Huang (1996) と同様にWH連動読み構文を条件文として見なしているため、ここでは取り上げないことにする。

[2]　この文は、しばしばdonkey sentenceと呼ばれてきた。また次の (i) もdonkey sentenceの代表例として挙げられる。(i) では、everyは、unselectiveに農場主（farmer）とロバ（donkey）をbindしている。

(i)　Every farmer who owns a donkey beats it.

ないにもかかわらず、当該の変項に対応していることが注目された。

(65) a. Everyone$_i$ loves his$_i$ mother.

b. *[His$_i$ mother] loves everyone$_i$.

c. *[The professor who teaches every student$_i$] recommended him$_i$.

(64) の文の解釈を説明する 1 つのアプローチは、unselective binding とい うものが可能だと考える方法である。unselective binding とは、Lewis (1975) が提案した量化の方法である。この手法では、条件文において、すべての変 項をわけへだてなく（=unselective に）束縛する量化詞が含まれていると仮 定する。条件文に生起する副詞「always, usually, sometimes, never, ...」は、そ の量化の性質を表すものであり、通常の（変項が定められている）量化詞で ある「all, most, some, no, ...」と対応する。

(66) a. Sometimes it happens that x sells stolen goods to y, who sells them to z, who sells them back to x   [Lewis 1975: 6, (16)]

b. Usually, x reminds me of y if and only if y reminds me of x

        [Lewis 1975: 6, (17)]

Lewis (1975) は、たとえば (66a) で *sometimes* は、variable x, y, z のどれか だけを束縛しているのではなく、その 3 つの変項の組 (x, y, z) を束縛すると 分析した。

Heim (1982) は、(64) の解釈を unselective binding によって説明した。そ のためには、不定表現が、存在量化子（existential quantifier）に対応するの ではなく、「量化の力（quantificational force）」を持たないものであり、変 項に対応するものであると仮定する必要がある。不定表現そのものは量化 の力を持たないからこそ、その量化の解釈は、共起する量化副詞（adverb of quantification) によるのである。

(67)　a.　Always, if a farmer owns a donkey, he beats it.

　　　　　= All farmers (x) and donkeys (y) are such that if x owns y, then x beats y.

　　　　　　　　　　　　　　　　　　　　[Cheng & Huang 1996: 124, (7)]

　　b.　Usually, if a farmer owns a donkey, he beats it.

　　　　　= Most farmers (x) and donkeys (y) are such that if x owns y, then x

　　　　　beats y.

　　　　　　　　　　　　　　　　　　　　[Cheng & Huang 1996: 124, (8)]

　　c.　Sometimes, if a farmer owns a donkey, he beats it.

　　　　　= Some farmers (x) and donkeys (y) are such that if x owns y, then x

　　　　　beats y.

　　　　　　　　　　　　　　　　　　　　[Cheng & Huang 1996: 124, (9)]

　また、(64)（下では (68a)）のように量化副詞が含まれない条件文の場合には、(68b) のように、形態的に実現されない necessity operator（つまり、necessarily と同様の機能を持つもの）が構造表示に含まれていると主張した。

(68)　a.　=(64)

　　　　If a man owns a donkey, he beats it.

　　b.　Necessarily ((x is a man ∧ y is a donkey ∧ x owns y), x beats y)

　　　　　　　　　　　　　　　　　　　　　　　[Heim 1982: 86]

　以上が、Cheng & Huang (1996) が主張する unselective binding の理論的背景であった。

　3.4.2　Cheng & Huang (1996)

Cheng & Huang (1996) は、WH 連動読み構文を上記の unselective

binding が関わっている構文だと分析している。

(69)　(1) の logical form （NEC は necessity operator）

NEC_x[x comes first]　　　[x eats first]

Q_x　　　restriction　　　nuclear scope

[Cheng & Huang 1996: 135, (32)]

Cheng & Huang (1996) は、WH 連動読み構文を unselective binding が関わる donkey sentence だと分析した。また、WH 連動読み構文のほか、中国語には *ruguo*-conditional/*dou*-conditional と呼ぶもう 1 つのタイプの donkey sentence があると述べた。Cheng & Huang (1996) は、WH 連動読み構文と *ruguo*-conditional/*dou*-conditional では、後件に生起する要素が、相補分布を成すという。

　まず、3.1.1 節で述べたように、WH 連動読み構文では、前件と後件にそれぞれ同一の wh-phrase が生起していなければならない。後件の wh-phrase の代わりに、代名詞、空代名詞、定表現、また前件の wh-phrase を指さない表現は生起できない。

(70)　WH 連動読み構文

a.　谁 先 来, 谁 先 吃。 [Cheng & Huang 1996: 127, (12a)]
　　誰 先に 来る 誰 先に 食べる
　　先に来る人が、先に食べる。

b.　*谁 先 来, 他 先 吃。 [Cheng & Huang 1996: 127, (13a)]
　　誰 先に 来る 彼 先に 食べる

c.　*谁 先 来, [e] 先 吃。 [Cheng & Huang 1996: 127, (13b)]
　　誰 先に 来る 先に 食べる

d. ★谁 先 来, 那个人 先 吃。[Cheng & Huang 1996: 127, (13c)]
　　誰 先に 来る その人 先に 食べる

e. ★谁 先 来, 我 不 高兴。 [Cheng & Huang 1996: 127, (13d)]
　　誰 先に 来る 私 Neg 喜ぶ

それに対して、*ruguo*-conditional と *dou*-conditional では、前件に wh-phrase が生起する場合、後件に生起する表現は wh-phrase を容認できず、代名詞、空代名詞、定表現、また前件の wh-phrase を指さない表現であれば容認できる。

(71)　*ruguo*-conditional

a. ★如果 　你 　　看到 谁, 　请 　　　叫
　　もし 　あなた 　見かける 誰 　どうぞ 　−させる

　　谁 来 　見 　　我。
　　誰 来る 会う 　私

　　誰か を見かけたら、その人を私に会いに来させて。

　　　　　　　　　　　　　　[Cheng & Huang 1996: 131, (23a)]

b. 如果 　　你 　　看到 谁, 　请 　　　　叫
　　もし 　あなた 　見かける 誰 　どうぞ 　−させる

　　他 来 　見 　我。
　　彼 来る 会う 私

　　誰かを見かけたら、その人を私に会いに来させて。

　　　　　　　　　　　　　　[Cheng & Huang 1996: 131, (23b)]

c. 如果 　你 　　看到 谁, 请 　　　叫 [e] 来 見 我。
　　もし 　あなた 見かける 誰 どうぞ −させる 来る 会う 私

　　誰かを見かけたら、その人を私に会いに来させて。

[Cheng & Huang 1996: 131, (23c)]

d. 如果　　你　　　看到　　谁,　　请　　　叫
　　もし　　あなた　見かける　誰　どうぞ　－させる
　　那个人　来　　　见　　我。
　　その人　来る　　会う　私
　　誰かを見かけたら、その人を私に会いに来させて。

[Cheng & Huang 1996: 131, (23d)]

e. 如果　　你　　　看到　　谁,　请　　赶快　　告诉　　我。
　　もし　　あなた　見かける　誰　どうぞ　早く　　教える　私
　　誰かを見かけたら、早く私に教えて下さい。

[Cheng & Huang 1996: 131, (23e)]

(72)　*dou*-conditional

a. ★你　　　　叫　　　谁　进来,　我　　都　　　见　　谁。
　　あなた　　－させる　誰　入る　私　　Dou　　会う　誰
　　誰をここに入らせても、私はその人に会う。

[Cheng & Huang 1996: 130, (22a)]

b. 你　　　叫　　　谁　进来,　我　　都　　　见　　他。
　　あなた　－させる　誰　入る　私　　Dou　　会う　彼
　　誰をここに入らせても、私はその人に会う。

[Cheng & Huang 1996: 130, (22b)]

c. 你　　　叫　　　谁　进来,　我　　都　　见　　[e]。
　　あなた　－させる　誰　入る　私　Dou　　会う
　　誰をここに入らせても、私はその人に会う。

[Cheng & Huang 1996: 130, (22c)]

d. 你　　　　　　叫　　[谁]　进来，我　　都　　　见　　那个人。
あなた　　－させる　　誰　入る　私　　Dou　会う　その人
誰をここに入らせても、私はその人に会う。

[Cheng & Huang 1996: 130, (22d)]

e. 你　　　　　　叫　　[谁]　进来，我　　都　　不　　　高兴。
あなた　　－させる　　誰　入る　私　　Dou　Neg　喜ぶ
誰をここに入らせても、うれしくない。

[Cheng & Huang 1996: 131, (22e)]

Cheng & Huang (1996) は、WH連動読み構文は必ず unselective binding となり、それに対して、*ruguo*-conditional /*dou*-conditional の前件の中に wh-phrase がある場合、その scope は前件だけで、後件に含まれる代名詞は E-type pronoun になると述べている。[1]

(73)　WH連動読み構文は unselective binding

　　　NECx[x comes first]　　　[x eats first]

　　　Qx　　　restriction　　　nuclear scope

　　　i.　NEC は necessity operator である。

　　　ii.　wh-phrase は variable である。

[cf. Cheng & Huang 1996: 135, (32)]

(74)　*ruguo*-conditional / *dou*-conditional における後件の代名詞は E-type pronoun

　　　　　　ruguo...wh-phrase...,　　　　　...pronoun...

　　　　　　...wh-phrase...,　　　　　　　...dou...pronoun...

---

[1]　E-type pronoun については、Evans (1980) および Cooper (1979) を参照のこと。

i. 前件の wh-phrase は quantifier である。

ii. 後件の代名詞は E-type pronoun である。

上記の WH 連動読み構文において「誰 .... 他 ...」が許されない、つまり (70b) が容認できないということを説明するために、Cheng & Huang (1996) は (75) を仮定した上で (76) を提案している。

(70)b.　★誰　先　来，他　先　　吃。[Cheng & Huang 1996: 127, (13a)]
　　　　　誰　先に 来る 彼 先に　食べる

(75)　代名詞は operator に直接 bind されてはならない。

(76)　*Prohibition Against Vacuous Quantification* (Kratzer1989, p155)

For every quantifier Q, there must be a variable x such that Q binds an occurrence of x in both its restrictive clause and its nuclear scope.

[Cheng & Huang 1996: 135, (33)]

(75) の根拠として、Cheng & Huang (1996) は、中国語が resumptive pronoun（残留代名詞）の可能性を許さないことを挙げている。resumptive pronoun があるならば、(75) を仮定するわけにはいかないが、resumptive pronoun が許されないということは、(75) が成り立っているのではないかという議論である。もし、代名詞が unselective binder に直接 bind されないとするならば、代名詞は unselective binder にとっての変項ではないということになる。そうすると、後件（すなわち nuclear scope）に変項がなく、vacuous quantification になってしまう（(76) の違反になる）。これが、WH 連動読み構文において、「誰 .... 他 ...」が容認されないことに対する Cheng & Huang (1996) の説明である。同様の理由で空代名詞も容認できないという。

また、WH連動読み構文の後件において、(70d)のように定表現が用いられないのは、(77)の違反になるためであるとされている。

(70)d. ★ 誰 先 来， 那个人 先 吃。

　　　　　　　　　　　　　　　[Cheng & Huang 1996: 127, (13c)]

　　　誰　先に　来る　その人　先に　食べる

(77)　Revised PCOB[①]

In a tripartite structure of quantification Q [A][B], [X_1, X_2, ...,Xn] (where n ≥ 1) are variables in A. For every variable in A, there must be an identical variable in B.

　　　　　　　　　　　　　　　[Cheng & Huang 1996: 139, (39)]

　　(77) は、tripartite structure において、前件に存在するすべての変項に対して、それと同一の変項が後件に存在しなければならないことを述べている。ここでいう「同一」とは、[±lexical] を含むすべての素性が同一でなければならない、ということである。Cheng& Huang (1996) は、WH連動読み

---

① 　Revised PCOB は Safir (1985) によって提案された PCOB に基づいている。

(i)　The Parallelism Constraint on Operator Binding (PCOB)

　　If O is an operator and x is a variable bound by O, then for any y, y a variable of O, x and y are [α lexical].

　　　　　　　　　　　　　　　[Cheng & Huang 1996: 138, (38)]

(i)　における「lexical」は phonetic realization を指す（Cheng & Huang 1996:fn.(15)）。また、Cheng & Huang (1996) によると、(i) は英語における次の (ii) と (iii) の対比を説明するために提案されたという。

(ii)　a.　Who_i [did you [fire e_i] [without informing e_i]]

　　　b.　Who_i does [[John like e_i] and [Mary hate e_i]]

　　　　　　　　　　　　　　　[Cheng & Huang 1996: 138, (36)]

(iii)　a.　?. who_i [did you [fire e_i] [without informing him_i]]

　　　b.　★ who_i does [[John like him_i] and [Mary hate e_i]]

　　　　　　　　　　　　　　　[Cheng & Huang 1996: 138, (37)]

構文は tripartite structure を成すと述べており、(77) に従えば、前件に生起する wh–phrase に対して、後件にもそれと同一の wh–phrase がなければならない。よって、WH 連動読み構文において、定表現は後件に生起できないという。

3.4.3　Cheng & Huang (1996) の問題点

3.4.3.1　不定表現にまつわる問題

unselective binding の分析を用いれば、どのような不定表現でも WH 連動読み構文のようにペアで生起できるはずだが、実際はそうではない。3.1.1 節で述べたように、不定表現は WH 連動読み構文のように用いることはできない。

(78)　a.　*[有　　人]　先　　进来，　[有　人]　先　　　吃。　　[(5b)]
　　　　　　ある　人　先に　入ってくる　ある　人　先に　食べる
　　　　　　誰か$_i$が先に入ったら、誰か$_j$が先に食べる。

　　　cf.　[有　　人]　来　　了。
　　　　　　ある　人　来る　SFP
　　　　　　誰かが来た。

　　　b.　*你　　喜欢　[人]，我　　就　　　批评　　[人]。[(5c)]
　　　　　　あなた　好き　人　私　(jiu)　責める　　人
　　　　　　≠あなたが人$_i$が好きであれば、私は人$_i$を責める。

Cheng & Huang (1996) のように WH 連動読み構文を unselective binding によって説明しようとすると、wh–phrase と一般的な不定表現の違いを無視することになる。この分析では、wh–phrase の特徴、また WH 連動読み構文をうまく捉えられていない。

3.4.3.2 Novelty Condition に関わる問題

Cheng & Huang (1996) は、WH 連動読み構文を (64) と同様に unselective

binding の例として扱った。

(64)　If a <u>man</u>$_i$ owns <u>a donkey</u>$_j$, he$_i$ beats it$_j$. [Cheng & Huang 1996: 121, (1)]
$\forall$ x,y(x is a man & y is a donkey& x owns y)[x beats y]

　確かに、結果として得られる解釈だけを見比べれば、WH 連動読み構文はunselective bindingの文と類似している。その点では、Cheng & Huang (1996)が、WH 連動読み構文に unselective binding が関わっていると分析するのはもっともであるとも言える。

(69)　(1) の logical form （ NEC は necessity operator ）

　　　　NEC$_x$[x comes first]　　　[x eats first]
　　　　Q$_x$　　　restriction　　　nuclear scope

[Cheng & Huang 1996: 135, (32)]

　ただし、WH 連動読み構文と (64) の英語の例には大きな違いがある。英語においては、後件の変項に対応するものが代名詞であるのに対して、WH 連動読み構文では、後件の wh-phrase が前件と同一の変項に対応するという点である。確かに、代名詞はすでに用いられている変項に対応することができる。しかし (79) が示しているように、不定表現というものは、未使用の変項にのみ対応すると言われている。Heim (1982) は、これを Novelty Condition と呼んだ。

(79)　⋆If a farmer$_i$ owns a donkey$_j$, a farmer$_i$ beats a donkey$_j$.

(80)　Novelty Condition
　　An indefinite NP must not have the same referential index as any NP to its

left.

[Heim 1982: 100, ll.14−15]

Cheng & Huang (1996) では、wh-phrase が不定表現の1つだとされているため、Novelty Condition が適用されると考えるのが普通である（この点については Chierchia (2000) も指摘している）。ところが、Cheng & Huang (1996) はこの点に触れないまま、単に WH 連動読み構文が unselective binding の解釈を受けると述べている。

仮に、中国語の wh-phrase に対して Novelty Condition が適用されないと規定するならば、(81) のような WH 連動読み構文は説明できることになる。だが、そう仮定してしまうと、今度は、WH 連動読み構文以外の文で生起する wh-phrase の解釈について、誤った予測をすることになる。たとえば、(82) では2つの wh-phrase が同一の変項に対応する解釈は不可能である。

(81)　WH 連動読み構文

老師　　喜欢　　誰_i，　李四　　打　　誰_i。
先生　　好き　　誰　　　李四　　殴る　誰
先生が誰が好きでも、李四はその人を殴る。

(82)　a.　★大家　　誰_i　也　　没　　批评　　誰_i　的　　行为。
　　　　　みな　　誰　も　Neg　批判する　誰　の　　行為
　　　　　みなは誰_iも自分_iの行為を責めようとしなかった。①
　　b.　★他　不是　　　收藏家，　什么东西_i　值钱，　什么东西_i
　　　　　彼　ではない　収集家　　どんなもの　　貴重　　どんなもの
　　　　　稀缺，　他　不　　知道。

---
① 「みなは誰も他の人の行為を責めようとしなかった」という解釈であれば容認可能である。

稀少　　彼　　Neg　　知る

彼は収集家ではないから、どんなもの_iが貴重で、どんなもの_j

が稀少か、彼は知らない。^①

このことからも明らかなように、中国語においても wh-phrase には Novelty Condition が適用されるとみなすのが適切である。この事実からも、WH 連動読み構文の解釈に unselective binding が関わるという分析は成り立たないと言える。

3.4.3.3 PAVQ と Revised PCOB

これまで述べてきたもの以外にも、Cheng & Huang (1996) の分析には様々な問題がある。

まず、WH 連動読み構文において、「谁 .... 他 ...」が許されない理由を、中国語の代名詞は unselective binder に直接 bind されないからだ、としているが、実際には中国語の代名詞は英語と同様に、unselective binder によって bind されうる。たとえば、(83) において、代名詞「她」と「他」はそれぞれ unselective binder (*usually*) によって bind されていると考えるほかない。

(83) 如果 [一 个 女孩]_i 邀请 [一 个 男孩]_j 去
　　　もし　1　CL　女の子　誘う　1　CL　男の子　行く
　　　参加　　　　聚会，　　那么　她_i　通常　喜欢　他_j。
　　　参加する　パーティー　では　彼女　通常　好き　彼
　　もし一人の女の子_iが一人の男の子_jをパーティーに誘うなら、たいていその子は彼のことが好きだ。(=If a girl_i invites a boy_j into a party, she_i usually likes him_j)

したがって、(75) を仮定しておくわけにはいかない。

---

① 2つの「什么东西（どんなもの）」が互いに異なるものを指すのであれば、容認できる。

(75) 代名詞は operator に直接 bind されてはならない。

また、WH連動読み構文の後件において代名詞、空代名詞、定表現等が用いられない理由について、Cheng & Huang (1996) は、PAVQ と Revised PCOB を用いて説明しているが、これらの制約は強すぎる疑いがある。

(76) *Prohibition Against Vacuous Quantification* (Kratzer1989, p155)

For every quantifier Q, there must be a variable x such that Q binds an occurrence of x in both its restrictive clause and its nuclear scope.

[Cheng & Huang 1996: 135, (33)]

(77) Revised PCOB

In a tripartite structure of quantification Q [A][B],[X_1, X_2, ...,X_n](where $n \geq 1$) are variables in A. For every variable in A, there must be an identical variable in B.

[Cheng & Huang 1996: 139, (39)]

たとえば、次の文は容認可能であるが、Cheng &Huang (1996) の分析に従うと非文法的だということになってしまう。

(84) 任何　　[一　　个　　女孩]$_i$　来　　参加　　　这个聚会，
　　　任意の　1　　CL　　女の子　来る　参加する　このパーティー
　　　我们　　都　　会　　欢迎　　e_i。
　　　私たち　Dou　Aux　歓迎する
　　　どの女の子がこのパーティーに来ても、私たちは歓迎する。

Revised PCOB に従えば、後件の変項は前件の変項と同じく、[+lexical] あるいは [−lexical] でなければならない。ところが、(84) では、前件の変項「一

人の女の子」は [+lexical] で、後件の変項「e$_i$」は [−lexical] であるにも関わらず、容認される。Revised PCOB は明らかに強すぎる制約である。

　Cheng & Huang (1996) が指摘するように、WH 連動読み構文と *ruguo-*conditional では、次の (85) と (86) のような対比が見られる。

(85)　WH 連動読み構文

　　a. 谁　　欺负　　　你，　　我　揍　谁。
　　　 誰　いじめる　　あなた　私　殴る　誰
　　　 あなたをいじめる人がいたら、私はその人を殴る。

　　b. ＊谁　　欺负　　　你，　　我　揍　他。[1]
　　　 誰　いじめる　　あなた　私　殴る　彼
　　　 あなたをいじめる人がいたら、私は彼を殴る。

(86)　*ruguo-*conditional

　　a. ＊如果　谁　　欺负　　　你，　　我　揍　谁。
　　　 もし　誰　いじめる　　あなた　私　殴る　誰
　　　 もし誰かがあなたをいじめるなら、私はその人を殴る。

　　b. 如果　谁　　欺负　　　你，　　我　揍　他。
　　　 もし　誰　いじめる　　あなた　私　殴る　彼
　　　 もし誰かがあなたをいじめるなら、私は彼を殴る。

　Cheng & Huang (1996) では、WH 連動読み構文における前件の wh-phrase は変項であり、*ruguo-*conditional（また *dou-*conditional）における前

---

[1]　この文そのものは、「如果（もし）」が省略された条件文として解釈する場合、容認される。ただし、この文を「如果」が省略された条件文として見なすべきか、WH 連動読み構文として見なすべきかは、必ずしも明らかではない。この問題は本論からそれるため、ここでは議論しない。詳しくは Cheng & Huang (1996)、Pan & Jiang (2015)、杉村（1992）を参照のこと。

件の wh-phrase は量化子であると述べられている。つまり、wh-phrase その
ものは変項と量化子の両方になれるということであるが、なぜ WH 連動読
み構文には変項としての wh-phrase しか生起せず、*ruguo*-conditional（また
dou-conditional）においては量化子としての wh-phrase しか生起しないのか
が述べられていない。

　また、Cheng & Huang (1996) は、(86a) の *ruguo*-conditional の容認度の
低さを説明しようとしていた。[1]しかし、(86a) は数ある WH 連動読み構文が
生起できない環境の一例に過ぎない。3.3.3 節の (60a)、(61b)、(62b) に示し
たように、同じ文において 2 つ異なる機能範疇が wh-phrase を認可しよう
とする場合、その文は WH 連動読み構文として容認されない。(86a) は (61b)
と同様に、節レベルの機能範疇（cf. 3.2.3 節）と Q-Predication がどちらも
wh-phrase を認可しようとしているため、容認されないのである。Cheng &
Huang (1996) は (86a) の容認度の低さにしか注目していなかったが、本書が
示しているように、(86a) 以外の環境でも WH 連動読み構文が容認されない
場合がある。このように、本書における観察と説明は Cheng & Huang (1996)
よりも汎用性が高いと言える。

(60)　a.　＊张三　　想知道 [李四 什么时候 毕业，什么时候 结婚]。
　　　　　张三 知りたがる 李四　いつ 卒業する　いつ　結婚する

(61)　b.　＊如果　　你　　看到　谁，　请　　　叫
　　　　　もし　あなた　見かける　誰　どうぞ　－させる

---

[1]　Cheng & Huang (1996) によると、(86a) では、「如果（もし）」が前件の wh-phrase を存在量化子と
して束縛し、unselective binder が後件の wh-phrase を変項として束縛している。unselective binder に
とって、restriction では何も変項を束縛できないため、vacuous quantification になってしまう。これが
PAVQ の違反であるとしている。

谁	来	见	我。
誰	来る	会う	私

もしあなたが誰かを見かけたら、

[Cheng & Huang 1996: 131, (23a)]

(62)　b.　★| 谁	喜欢	小动物，	谁	都	有	爱心。
誰	好き	動物	誰	Dou	ある	思いやり

動物を好きな人は、思いやりを持っている。

　　ここまで、WH 連動読み構文に対して unselective binding という分析を行うと、多数の問題点が生じることを述べた。まとめると、Cheng & Huang (1996) の unselective binding という分析には、大きく 2 つの本質的な問題があると言える。1 つは、WH 連動読み構文を条件文と見なしている点である。もう 1 つは、wh–phrase の特殊性を無視し、不定表現と同様に扱っている点である。Cheng & Huang (1996) はこうした誤った観察に基づき、条件文と不定表現に対する一般的な分析、つまり unselective binding という分析を、wh–phrase という特殊性のある表現、また WH 連動読み構文という特殊な構文にあてはめようとした。そのため、PAVQ や Revised PCOB などの強引な制約を仮定しなければならなかったのである。

　　さらに、wh–phrase はいろいろな機能があるにもかかわらず、その全体の中での位置づけを考慮せず、WH 連動読み構文は単に unselective binding が関わる構文だと述べるに留まった点も問題である。そのため、上記のように、wh–phrase そのものは、変項にも、量化子にもなるという合理的でない分析がなされた。それに対して、本書の分析では、wh–phrase と不定表現、また WH 連動読み構文と条件文がきちんと区別されており、WH 連動読み構文における wh–phrase だけではなく、wh–phrase の一般的な用法も統一的

に説明されている。

3.4.3.4 全称量化解釈と存在量化解釈

本書の提案では、WH連動読み構文は「wh-phrase = wh-phrase」という意味表示を持つ。この点においても、Cheng & Huang (1996) の分析と異なっている。前述したように、Cheng & Huang (1996)は、WH連動読み構文を (64)の donkey sentence と同様に捉えており、WH連動読み構文が全称量化的解釈を持つと分析した。

(64)　If a man$_i$ owns a donkey$_j$, he$_i$ beats it$_j$. [Cheng & Huang 1996: 121, (1)]

$\forall$ x,y(x is a man & y is a donkey& x owns y)[x beats y]

(87)　你　　　喜欢　谁，我　就　喜欢　谁。

[cf. Cheng & Huang 1996: 153, (67), (68)]

あなた　好き　誰　私　jiu　好き　誰

あなたが誰が好きであっても、私もその人のことが好きだ。

$\forall$ x (x is a person you like)[I will like x]

つまり、(87) は、「私は、あなたが好きなすべての人が好きだ」という解釈を持つということである。

確かに、(87) また次の (47) は、全称量化的解釈になりやすい。

(47)　张三　说　什么，李四　信　什么。

張三が何を話しても、李四はそれを信じる。

（「李四は張三が話すすべてのことを信じる」と解釈される）

しかし、WH連動読み構文は、存在量化的な解釈も可能である。

(88) a. 昨天　你　和　谁　一组，今天　就　还　和　谁　一组。
昨日　あなたと　誰　同じ班　今日　jiu　また　と　誰　同じ班
昨日あなたが同じ班になった人と、今日もをの班になってください。

（「昨日あなたが同じ班になった人」が存在し、誰であるか決まっている）

b. 我　只是　想到　什么，就　写　了　什么。

[cf. Huang 2008: 697, 16]

私　ただ　思いつく　何　jiu　書く　Asp　何
思いついたことを書いただけだった。

c. 昨天　谁　在　选票　上，小王　就　投　了　谁。
昨日　誰　いる　選票　上　王くん　jiu　投票　Asp　誰
昨日、選票に名前が乗っていた人に投票した。

　さらに、(89)に示すように、同じ文であっても、(89a)の文脈では全称量化として解釈されやすく、(89b)の文脈では存在量化として解釈されやすい。

(89)　a.　（AはBのことがとても好きで、ずっとBと一緒にいたい。それでAが...）
你　去　哪儿，我　去　哪儿。
あなた　行く　どこ　私　行く　どこ
あなたがどこに行っても、私はそこに行く。

　b.　（AとBは友達で、Bは、今日どこかに出かけてリラックスするそうだ。Aも今日外に出たいが、特に予定はないから、Bに誘われたAは、...）
你　去　哪儿，我　去　哪儿　（吧）。

あなた　　　行く　　どこ　　私　　行く　　どこ　　　SFP
　　　あなたがどこかに行くなら、私もそこに行く。

　　上記の事実から、WH連動読み構文は、前件にも後件にも「裸動詞」が
生起している場合、全称量化的解釈がしやすい傾向があり、前件か後件の動
詞に「完了」を表すアスペクトマーカー「了」が後続する場合、あるいは、
文脈から明らかにすでに過去に起こったことと判明できる場合は、存在量化
的な解釈をしやすい傾向があると言える。[1]

　　このように、WH連動読み構文が、全称量化的な解釈になるか存在量化
的な解釈になるかは、動詞の形式や文脈によって区別されており、統語的に
は決定できない。もし、WH連動読み構文が最終的に全称量化あるいは存在
量化的な解釈になるのが、統語的に決められるのであれば、上記 (47) と (88)、
また (89a) と (89b) のような文がすべて構造的に多義的であると考えざるを
えなくなり、そのような分析は妥当ではないであろう。

　　そのため、WH連動読み構文は、統語的に「xm は xk だ」（xm は前件
の wh-phrase が持つ指標番号、xk は後件の wh-phrase が持つ指標番号）と
いう意味表示が構築されているが、全称量化あるいは存在量化解釈になるか
まで決めていない分析のほうがより適切であろう。

3.5　まとめ

　　本章では、WH連動読み構文では、どのようにして前件の wh-phrase が
後件の wh-phrase と同一解釈になるのかについて次のような分析を提案し

---

[1]　WH連動読み構文において、なぜ「裸動詞」が生起する場合全称量化解釈が起こりやすいかについ
　　ては、4.4.2 節であらためて述べる。

た。それは、WH 連動読み構文では、Q-Predication という機能範疇によって、
「xm は xk だ」（xm は前件の wh-phrase が持つ指標番号、xk は後件の wh-
phrase が持つ指標番号）という意味表示が作られるため、結果的に「wh-phrase
= wh-phrase」になるという分析である。この分析に基づくと、WH 連動読
み構文は (46) の構造になるべきである。

(46)　WH 連動読み構文の構造

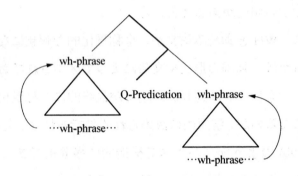

　　wh-phrase と Q-Predication の Numeration における形式はそれぞれ (23)
と (46) である。

(23)　<xn,[{N, <ind,xn> },<xn,{<Kind, 人 >,<Identity,unknown>}>, 谁]>

　　　<xn,[{N, <ind,xn> },<xn,{<Kind, も の >,<Identity,unknown>}>,
　　　什么]>

　　　<xn,[{N, <ind,xn> },<xn,{<Kind, 場 所 >,<Identity,unknown>}>,
　　　哪儿]>

(46)　機能範疇 Q-Predication

　　　<xn, [{Z, <xn, {<Subject, ★ <ind>, [RH] >,<Predicate, ★ <ind>, [LH]

>}>},φ,φ]>

wh-phrase が持つ素性 <ind, id> と Q-Predication が持つ ★ <ind>, [RH]、
★ <ind>, [LH] は、次のように継承され、また削除される。

(24) <ind, xn> の継承規定
   主要部からでも非主要部からでも継承される。

(51) <ind, xn> の削除規定
   Merge 相手の ★ <ind> を置き換えたら削除される。

(51) ★ <ind>, [RH] の削除規定
   ★ <ind>,[RH] は <ind, xn> を持つ要素と RH-Merge した際に相手
   の指標番号に置きかえられる。

   ★ <ind>,[LH] の削除規定
   ★ <ind>,[LH] は <ind, xn> を持つ要素と LH-Merge した際に相手
   の指標番号に置きかえられる。

また、本書では、以上の仮定は WH 連動読み構文を説明するだけでは
なく、中国語の wh-phrase のさまざまな解釈を統一的に説明するのに有効で
あることを示した。

3.6 Appendix

以下、(90) を例に挙げ、WH 連動読み構文の派生過程を示していく。

(90) 张三　　说　　[什么]，　李四　　信　　[什么]。

　　　张三　　話す　　何　　李四　　信じる　　何

　　　張三が何を話しても、李四はそれを信じる。

(91)　(90) の Numeration

　　a.　<x1, [{N}, <x1, {<Name, 张三 >}>, 张三]>

　　b.　<x2, [{V}, <x2, {<Kind, 说 >, <Agent, [★[RH]] >, <Theme, [★[LH]] >}>,
　　　　说]>

　　c.　<x3, [{N, [<ind,x3>] }, <x3, {<Kind, もの >, <Identity, unknown>}>,
　　　　什么]>

　　d.　<x4, [{N}, <x4, {<Name, 李四 >}>, 李四]>

　　e.　<x5, [{V}, <x5, {<Kind, 信 >, <Agent, [★[RH]] >, <Theme, [★[LH]] >}>,
　　　　信]>

　　f.　<x6, [{N, [<ind,x6>] }, <x3, {<Kind, もの >, <Identity, unknown>}>,
　　　　什么]>

　　g.　<x7, [{Z, <x7, {<Subject, [★ <ind>, [RH]] >, <Predicate, [★ <ind>, [LH]] >}> },
　　　　φ, φ]>

(92)　Merge base = {(91a), (91b), (91c), (91d), (91e), (91f), (91g)}

　　(91b)<x2, [{V}, <x2, {<Kind, 说 >, <Agent, [★[RH]] >, <Theme, [★[LH]] >}>,
　　说]>

　　(91c)<x3, [{N, [<ind,x3>] }, <x3, {<Kind, もの >, <Identity, unknown>}>,
　　什么]>

⇒ LH−Merge

　　<x2,[{V, [<ind,x3>] },<x2,{<Kind, 说 >,<Agent, [★[RH]] >,<Theme, [x3] >}>,<

<x2, [{V}, φ, 说]>

<x3, [{N}, <x3, {<Kind, もの >}, <Identity, unknown>}>, 什么]>

>]>

x2
/\
x2 x3
说 什么

(93)　Merge base = {(91a), (91d), (91e), (91f), (91g), (92)}

(91a)<x1, [{N}, <x1, {<Name, 张三 >}>, 张三]>

(92) 略

⇒ RH−Merge

　　<x2,[{V, <ind,x3> }, <x2,{<Kind, 说 >, <Agent, x1 >, <Theme, x3 >}>,<

　　　<x1, [{N}, <x1, {<Name, 张三 >}>, 张三]>

　　　<x2, [{V}, φ, <

　　　　<x2, [{V}, φ, 说]>

　　　　<x3, [{N}, <x3, {<Kind, もの >, <Identity, unknown>}>, 什么]>

　　　>]>

　　>]>

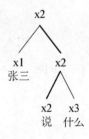

x2
/\
x1 x2
张三 /\
    x2 x3
    说 什么

(94)　Merge base = {(91d), (91e), (91f), (91g), (93)}

(91e)<x5,[{V}, <x5,{<Kind, 信 >, <Agent, ★[RH] >, <Theme, ★[LH] >}>, 信]>

(91f)<x6, [{N, <ind,x6> }, <x6, {<Kind, もの >, <Identity, unknown>}>, 什么]>

⇒ LH−Merge

　　<x5,[{V, <ind,x6> }, < x5,{<Kind, 信 >, <Agent, ★[RH] >, <Theme, x6 >}>, 信]>

<x5, [{V}, ϕ, 信]>

<x6, [{N}, <x6, {<Kind, もの >, <Identity, unknown>}>, 什么]>

>]>

```
      x5
     /\
   x5  x6
   信  什么
```

(95)　Merge base = {(91d), (91g), (93), (94)}

　　(91d)<x4, [{N}, <x4, {<Name, 李四 >}>, 李四]>

　　(94) 略

⇒ RH−Merge

　　<x5,[{V, <ind,x6> },<x5,{<Kind, 信 >,<Agent, x4 >,<Theme, x6>}>, 信]>

　　　　<x4, [{N}, <x4, {<Name, 李四 >}>, 李四]>

　　　　<x5, [{V},ϕ, <

　　　　　　<x5, [{V}, ϕ, ϕ]>

　　　　　　<x6, [{N}, <x6, {<Kind, もの >, <Identity, unknown>}>, 什么]>

　　　　>]>

　　>]>

```
          x5
         /\
       x4  x5
       李四  /\
           x5  x6
           信  什么
```

(96)　Merge base = {(91g), (93),(95)}

　　(95) 略

　　(91g)<x7, [{Z, <x7, {<Subject, ★ <ind>, [RH] >, <Predicate, ★ <ind>, [LH] >}> },

　　ϕ , ϕ]>

⇒ LH−Merge

　　<x7, [{Z, <x7, {<Subject, ★ <ind>, [RH] >, <Predicate, x6 >}> }, < ,

<x7, [{Z}, ϕ, ϕ]>

<x5, [{V}, <x5, {<Kind, 信 >, <Agent, x4>, <Theme, x6>}>, <

 <x4, [{N}, <x4, {<Name, 李四 >}>, 李四]>

 <x5, [{V}, ϕ, <

  <x5, [{V}, ϕ, 信]>

  <x6, [{N}, <x6, {<Kind, もの >, <Identity, unknown>}>,

  什么]>

  >]>

 >]>

>]>

```
                              x7
                            /    \
                          x7      x5
                    Q-Predication  / \
                                 x4   x5
                                 李四  / \
                                    x5  x6
                                    信  什么
```

(97) Merge base = {(93), (96)}

(93)<x2, [{V, $\boxed{\text{<ind,x3>}}$ }, <x2, {<Kind, 说 >, <Agent,x1>, <Theme, x3>}>, <

 <x1, [{N}, <x1, {<Name, 张三 >}>, 张三]>

 <x2, [{V}, ϕ, <

  <x2, [{V}, ϕ, 说]>

  <x3, [{N}, <x3, {<Kind, もの>, <Identity, unknown>}>, 什么]>

 >]>

>]>

(96) 略

⇒ RH−Merge

 <x7, [{Z, <x7, {<Subject, $\boxed{\text{x3}}$ >, <Predicate, x6>}> }, < ,

  <x2, [{V}, <x2, {<Kind, 说 >,<Agent, x1>, <Theme, x3>}>, <

<x1, [{N}, <x1, {<Name, 张三 >}>, 张三]>

<x2, [{V}, ϕ, <

<x2, [{V}, ϕ, 说]>

<x3, [{N}, <x3, {<Kind, もの >, <Identity, unknown>}>, 什么]>

>]>

>]>

<x7, [{Z}, ϕ, < ,

<x7, [{Z}, ϕ, ϕ]>

<x5, [{V}, <x5, {<Kind, 信 >, <Agent, x4>, <Theme, x6>}>, <

<x4, [{N}, <x4, {<Name, 李四 >}>, 李四]>

<x5, [{V},ϕ, <

<x5, [{V}, ϕ, 信]>

<x6,[{N}, <x6, {<Kind, もの>,<Identity, unknown>}>, 什么]>

>]>

>]>

>]>

>]>

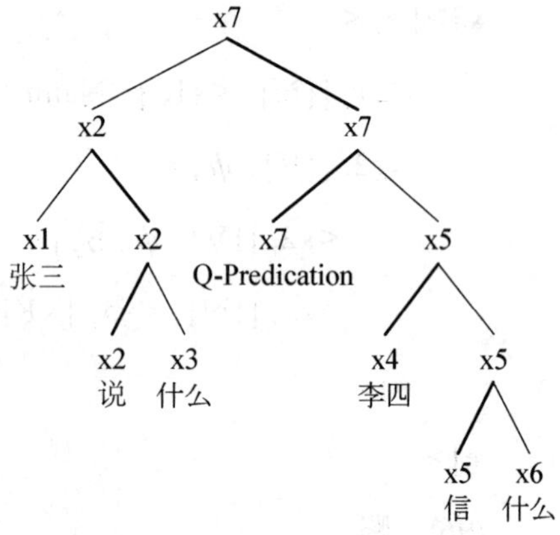

(98) LF 意味素性

<x7, {<Subject, x3>, <Predicate, x6>}>

<x2, {<Kind, 说 >,<Agent, x1>, <Theme, x3>}>

<x1, {<Name, 张三 >}>

<x3, {<Kind, もの >, <Identity, unknown>}>

<x5, {<Kind, 信 >, <Agent, x4>, <Theme, x6>}>

<x4, {<Name, 李四 >}>

<x6, {<Kind, もの >, <Identity, unknown>}>

(99)　意味表示

{<x7, {<Subject, x3>, <Predicate, x6>}>

<x2, {<Kind, 说 >, <Agent, x1>, <Theme, x3>}>

<x1, {<Name, 张三 >}>

<x3, {<Kind, もの >, <Identity, unknown>}>

<x5, {<Kind, 信 >, <Agent, x4>, <Theme, x6>}>

<x4, {<Name, 李四 >}>

<x6, {<Kind, もの >, <Identity, unknown>}> }

4 裸動詞並置文

4.1 現象

　前章では、(1) のような WH 連動読み構文について考察した。WH 連動読み構文において、前件と後件の wh-phrase が同一解釈になるのは、Q-Predication によって、「A=B」（A は前件の wh-phrase が指すもの、B は後件の wh-phrase が指すもの）の意味表示が作られるためだと分析した。

(1) WH 連動読み構文

a. 张三　　见　　哪　　个　　姑娘, 爱　　哪　　个　　姑娘。
　 张三　会う　どの　CL　女の子　愛する　どの　CL　女の子
　 张三はどの女の子_iに会って、どの女の子_iを愛する。
　（＝张三はどの女の子に会っても、その女の子を愛する）

b. 妈妈　　　做　　什么, 小明　　吃　　什么。
　 お母さん　作る　何　明くん　食べる　何
　 お母さんが何_iを作って、明くんが何_iを食べる。
　（＝お母さんが何を作っても、明くんがそれを食べる）

c. 小王　　很　　厉害, 做　什么 题, 对　什么 题。

王くん　とても　すごい　する　何　問題　正解する　何　問題

王くんは賢くて、何の問題ᵢを解いて、何の問題ᵢを正解する。

（＝王くんは賢くて、どんな問題を解いても、正解する）

しかし中国語には、(2) のように、「数詞＋量詞＋名詞」からなる不定表現（以下、「数量表現」と呼ぶ）が、前件と後件にそれぞれ生起し、同一解釈になる文もある。

(2)　a.　张三　　　见　　一个　　姑娘，　　爱　　一个　　　姑娘。

　　　张三　　会う　　1 CL　女の子　愛する　1 CL　女の子

　　　张三は女の子に会っては、その女の子を愛する。

　b.　妈妈　　　做　一　张　饼，　小明　　吃　一　张　饼。

　　　お母さん　作る　1　CL　餅　明くん　食べる　1　CL　餅

　　　お母さんが餅を1枚作っては、明くんがそれを食べる。

　c.　小王　　　很　　　　厉害，　　做　　一　道　　題，

　　　王くん　とても　　すごい　する　1　CL　問題

　　　对　　一　道　　題。

　　　正解する　1　CL　問題

　　　王くんは賢くて、1問を解いては、それを正解する。

(2) でも、前件の数量表現と後件の数量表現が同じものを指す解釈ができる。この観察に基づいて、(2) のような文も、(1) の WH 連動読み構文と同様の方法で分析されるべきだという主張がなされるかもしれない。3 章で提案した WH 連動読み構文の分析は、(2) のような文にも拡張されるべきなのだろうか。本章では、(2) のような構文は、記述的にも WH 連動読み構文とは異なっており、ゆえに異なった分析がなされるべきであるということを主張する。

本章の構成は以下の通りである。まず 4.2 節で WH 連動読み構文と比較し、(2) のような文は、WH 連動読み構文とはさまざまな違いがあることを示し、WH 連動読み構文の分析が (2) に拡張されるべきではないことを述べる。次に 4.3 節で、数量表現を用いた文を連動読み構文として認めるべきかという点について検討し、(2) のような文は、連動読み構文として考えない方が適切であることを指摘する。さらに、4.4 節では、数量表現を用いた (2) のような文に対する分析を提案する。最後に 4.5 節は、本章のまとめである。

4.2　WH 連動読み構文との違い

　この節では、数量表現が前件と後件で同一解釈になるためには、WH 連動読み構文の場合とは異なるさまざまな制限があることを述べていく。

4.2.1　アスペクト標識との共起

　まず、WH 連動読み構文の場合は、アスペクト標識「了」が動詞に後続することができるのに対して、数量表現の場合には、前件と後件の動詞は必ず裸動詞でなければならず、アスペクト標識「了」や助動詞が共起することはできない。

(3)　WH 連動読み構文

　　a.　张三　　　看见　　　了　　　哪个　　　姑娘，　　　就　　　问
　　　　张三　　見かける　　Asp　　どの　　女の子　　jiu　　聞く
　　　　哪个姑娘　　　　要　　　了　　　电话。
　　　　どの女の子　　求める　　Asp　　電話番号
　　　　张三はどの女の子ᵢを見かけて、どの女の子ᵢに電話番号を聞いた。
　　　　（＝张三は見かけた女の子に電話番号を聞いた）

b. 妈妈　　　　做　　了　　什么饼，　小明　　　就
　　お母さん　　作る　Asp　どんな餅　明くん　jiu

　　吃　　　了　　什么饼。
　　食べる　　Asp　どんな餅

　　お母さんがどんな餅ᵢを作って、明くんがどんな餅ⱼを食べた。
　　（＝明くんは、お母さんが作った餅を食べた）

(4)　数量表現を用いる文に「了」が生起する場合

a. 张三　见　了 一个　姑娘，　爱　了 一个　姑娘。　　[cf. (2a)]
　　张三 会う Asp 1 CL 女の子　愛する Asp 1 CL 女の子
　　≠張三は女の子に会っては、その女の子を愛した。

b. 妈妈　　　　　做　　　了　　一　张　饼，小明　　吃
　　お母さん　作る　Asp　1　CL　餅　明くん　　食べる

　　了　　一　张　饼。　　　　　　　　　　　　　　　[cf. (2b)]
　　Asp　1　CL　餅

　　≠お母さんが餅を1枚作っては、明くんがそれを食べた。

(5)　数量表現を用いる文に助動詞が生起する場合

a. ★张三　能　见　一个　姑娘，　爱　一个　姑娘。
　[cf. (2a)]
　　张三 －たい 会う 1 CL 女の子　愛する 1 CL 女の子
　　張三は女の子に会っては、その女の子を愛することができる。

b. ★妈妈　　　　可以　　做　　一　张　饼，　小明
　　お母さん　－てもいい　作る　1 CL 餅　明くん

　　吃　　一　张　饼。　　　　　　　　　　　　　　　[cf. (2b)]

食べる　　1　CL　餅

お母さんが餅を1枚作ったら、明くんがそれを食べてもいい。

つまり、数量表現で同一解釈が成立するためには、前件も後件も、動詞が裸動詞であることが必須条件なのである。

4.2.2　数量表現が生起する位置

3.3.2節で述べたように、WH連動読み構文ではwh-phraseがさまざまな文法的位置に生起することができる。それに対して、数量表現の場合、同一解釈が成立するためには、(7)に示すように、目的語の位置に生起しなければならない。①

(6)　WH連動読み構文

　　a.　主語 – 目的語

　　$\boxed{\text{谁}}$　　先　　进来，　　我　　先　　打　　$\boxed{\text{谁}}$。

　　　　　　　　　　　　　　　　　　　　[Cheng & Huang 1996: 128, (15a)]

　　誰　先に　入ってくる　私　先に　殴る　誰

　　誰ᵢが先に入って、私は先に誰ᵢを殴る。

　　（＝誰かが先に入ったら、私はその人を殴る）

　　b.　目的語 – 主語

　　你　　喜欢　$\boxed{\text{谁}}$，$\boxed{\text{谁}}$　　倒霉。[Cheng & Huang 1996: 128, (16a)]

　　あなた　好き　誰　誰　うまくいかない

---

① 次の(i)においては、前件と後件の主語の間に同一解釈が成立するが、(7a)のように前件と後件の動作が繰りかえされる解釈はできない（cf. 呂1992）。また、このような例は生産的ではなく、非常に少ない。よって、(i)は、ここで観察している現象とは異なる質のものだと考えられる。

(i)　一人　做　事　一人　　当。

　　一人　する　事　一人　　責任を負う

　　やった人が責任を負うのだ。

あなたが誰ᵢが好きであれば、誰ᵢがうまく行かない。

（＝あなたが誰かが好きだったら、その人はうまく行かない）

(7) a. 目的語－目的語

＝(2a)

张三　　　见　　一个　姑娘，　爱　　　一个　　姑娘。

張三　　会う　　1 CL　女の子　愛する　　1 CL　女の子

張三は女の子に会っては、その女の子を愛する。

b. 主語－主語

一个　姑娘　　洗菜，　一个　　姑娘　　　切　　菜。

1 CL　女の子　洗う野菜　1 CL　女の子　　切る　　　野菜

≠女の子は野菜を洗っては、野菜を切る。①

c. 主語－目的語

一个　姑娘　　做，　张三　帮　　一个　　姑娘。

1 CL　女の子　やる　張三　助ける　1 CL　女の子

≠女の子がやっては、張三はその女の子の補助をする。

d. 目的語－主語

张三　　　见　　一个　姑娘，　　一个　　姑娘　　拒绝　　他。

張三　　会う　　1 CL　女の子　　1 CL　女の子　断る　　彼

≠張三は女の子と会っては断られる。

(7) に示したように、前件と後件の数量表現が両方とも目的語の位置にあることが、数量表現で同一解釈が可能になるもう1つの必須条件なのである。

---

① この文は、「一人の女の子は野菜を洗って、もう一人の女の子は野菜を切る」という解釈であれば、容認される。

4.2.3　埋め込み可能かどうか

　さらに、WH 連動読み構文では、wh-phrase が統語的に深い位置に埋め込まれてもよいが、数量表現の場合は、埋め込まれると同一解釈ができなくなる。

(8)　WH 連動読み構文

　　a.　领导　喜欢　谁，李四　就　讨厌　[[谁　请来　的]　作家]。
　　　　上司　好き　誰　李四　jiu　嫌う　誰　誘う　の　作家
　　上司が誰ᵢが好きで、李四は誰ᵢが誘った作家を嫌うのだ。
　　（＝上司が誰かが好きであれば、李四はその人が誘った作家を嫌う）
　　b.领导　　喜欢　谁，　　李四　　就　　讨厌　　[[[[谁　　请来
　　　　上司　　好き　誰　　李四　　jiu　　嫌う　　誰　　誘う
　　　　的]　作家]　写　的]　书]。
　　　　の　作家　書く　の　本
　　上司が誰ᵢが好きで、李四は[[誰iが誘った作家]が書いた本]を嫌うのだ。
　　（＝上司が誰かが好きであれば、李四は [[その人が誘った作家] が書いた本] を嫌う）

(9)　a.　张三　见　[[一个　姑娘　写　的]　字]，爱　一个　姑娘。
　　　　张三　見る　1 CL　女の子　書く　の　字　愛する　1 CL　女の子
　　　　≠張三は、女の子が書いた字を見ては、その女の子を愛する。
　　b.　小明　　学　[[一　种　饼]　的　做法]，　掌握
　　　　明くん　学ぶ　1　CL　餅　の　作り方マスターする
　　　　一　种　饼。
　　　　1　CL　餅

≠明くんは、餅の作り方を1種類学んでは、1種類をマスターする。

このように、数量表現を用いても同一解釈が可能な場合があるとは言っても、WH連動読み構文とは、さまざまな違いがある。故にこれらは同じ構文であるとみなされるべきではない。

4.3 「連動読み構文」であるか否か

3章において、WH連動読み構文では、統語的に「A=B」（Aは前件のwh-phraseが指すもの、Bは後件のwh-phraseが指すものを表す）という関係性が構築されると分析した。では、数量表現によって同一解釈がなされる文を、別個の連動読み構文として認めるべきだろうか。本節では、数量表現を用いる場合、同一解釈になるかどうかが統語的に決定されているとは考えられないことを示す。

たとえば、次の(10)では、前件と後件の数量表現が同じであっても、それぞれ異なるものを指す解釈ができる。

(10) a. 商家　　　促销,　　　买　　一　盒　　巧克力,
　　　　店側　　特売する　　買う　　1 CL　チョコレート
　　　　送　　　　　一　盒　　　巧克力。
　　　　プレゼントする　　1 CL　　チョコレート
　　　　店が特売していて、チョコレートを1箱買っては、1箱プレゼントする。

　　 b. 张三　　买　　一件　　衣服,　　扔　　　一件　　衣服。
　　　　張三　　買う　　1 CL　　洋服　　捨てる　　1 CL　　洋服
　　　　張三は洋服を1着買っては、洋服を1着捨てる。

(10a) では、特売の場で、購入する1箱のチョコレートと、1箱のプレゼントは、言うまでもなく別々のチョコレートである。(10b) でも、かなり特殊な文脈の場合、前件と後件の洋服は同じ1着である可能性もなくはないが、ここでは、新しい洋服を買って、古い洋服を捨てるというように、前件と後件の洋服は異なる1着である解釈ができる。

　4.1 節で述べた、前件と後件の数量表現が同一解釈になる (2) でも、(11) のように変えると、前件と後件で数量表現の解釈が異なる。

(2)　a.　张三　　见　　<u>一个</u>　姑娘，　爱　　　<u>一个</u>　姑娘。
　　　　张三　　会う　1 CL　女の子　愛する　1 CL　女の子
　　　　张三は女の子に会っては、その女の子を愛する。

　　b.　妈妈　　　做　　<u>一张</u>　饼，小明　　吃　　　<u>一张</u>　饼。
　　　　お母さん　作る　1 CL　餅　明くん　食べる　1 CL　餅
　　　　お母さんが餅を1枚作っては、明くんがそれを食べる。

　　c.　小王　　　很　　厉害，　做　　<u>一道</u>　题，　对
　　　　王くん　とても　すごい　する　1 CL　問題　正解する
　　　　<u>一道</u>　题。
　　　　1 CL　　問題
　　　　王くんは賢くて、1問解いては、それを正解する。

(11)　a.　（張三は人事課の担当者で、女性の人数を一定に保つために）
　　　　张三　　　　调走　　<u>一个</u>　姑娘，　　　重新　　　　招收
　　　　张三　　異動させる　1 CL　女の子　あらためて　募集する
　　　　<u>一个</u>　姑娘。　　　　　　　　　　　　　　　　　[cf. (2a)]
　　　　1 CL　女の子

張三は女の子を異動させては、（別の）女の子を募集する。

b. 妈妈　　　吃　一　张　饼，　小明　买　一　张　饼。

[cf. (2b)]

お母さん　食べる　1　CL　餅　　明くん　買う　1　CL　餅

お母さんが餅を1枚食べては、明くんが餅を1枚買う。

c. 小王　　　做　一　道　题，　空　一　道　题。[cf. (2c)]

王くん　解く　1　CL　問題　あける　1　CL　問題

王くんが1問解いては、1問とばす。

(11a) では、異動する女の子と、募集される女の子は、明らかに異なる人物であるし、(11b) でも、お母さんが餅を食べたら、明くんが新たに別の餅を買ってくるはずである。さらに、(11c) では、王くんが解く問題と、解かずにとばす問題も、別々の問題として解釈される。

そもそも、前件と後件の動作が繰りかえされる解釈というのも、必ずしも同一解釈を伴うものではない。次の (12) に示すように、前件と後件の数量表現が異なっていても、前件と後件の動作が繰りかえされる解釈ができる場合がある。

(12)　a. 张三　　　见　一　个　姑娘，　送　一　束　花。

張三　　会う　1 CL　女の子　送る　1 CL　花

張三は女の子に会っては、花を1束送る。

b. 李四　　　去　一　个　地方，　拍　一　张　照片。

李四　　行く　1 CL　ところ　とる　1 CL　写真

李四はどこかに行っては、写真を1枚とる。

c. 小王　　　收藏　一　幅　名画，　做　一　个　记号。

王くん　　収蔵する　1 CL　名画　つける　1 CL　記号

王くんは、名画を 1 枚収蔵しては、しるしを 1 つ付けておく。

さらに、数量表現からなる目的語だけではなく、動詞が表す動作の持続時間あるいは頻度を示す「動量詞」が動詞に後続している (13) も、数量表現の場合と類似する解釈ができる。

(13)　動作の持続時間を表す表現

   a.　学习　　　　一小时,　　　　放松　　　　一小时。
      勉強する　　1 時間　リラックスする　　1 時間
      1 時間勉強しては、1 時間リラックスする。

   b.　李四　　　上　　　一天　　班,　　休息　　一天。
      李四　　する　　1 日　　仕事　休憩　　1 日
      李四は、1 日仕事しては、1 日休憩する。

(14)　動作の頻度を表す表現

   a.　你　　　　来　　一次,　我　　打　　一次。
      あなた　　来る　　1 CL　私　　殴る　　1 CL
      あなたが 1 回来たら、私は 1 回（あなたを）殴る。
      （＝あなたが来るたびに、私は（あなたを）殴る）

   b.　小王　　　回　　一次　家,　跟　　妈妈　　　　吵
      王くん　帰る　　1 CL　家　と　　お母さん　ケンかする
      一次。
      1 CL
      王くんは 1 回実家に帰ったら、お母さんと 1 回喧嘩する。
      （＝王くんは実家に帰るたびに、お母さんと喧嘩する。）

また、4.2.1 節において、前件と後件の数量表現が同一解釈になる (2) の

ような文では、動詞は裸動詞でなければならないことを述べた。

(15)　数量表現を用いる文に「了」が生起する場合

a.　张三　见　了　<u>一个　姑娘</u>,　爱　了　<u>一个　姑娘</u>。[cf. (2a)]
張三　会う　Asp　1 CL　女の子　愛する　Asp　1 CL　女の子
≠張三は女の子に会っては、その女の子を愛した。

b.　妈妈　　　　做　　了　<u>一张　饼</u>,　小明　　　吃
お母さん　　作る　　Asp　　1 CL　餅　明くん　　　食べる
了　　<u>一张　饼</u>。　　　　　　　　　　　[cf. (2b)]
Asp　　1 CL　餅
≠お母さんが餅を1枚作っては、明くんがそれを食べた。

(16)　数量表現を用いる文に助動詞が生起する場合

a.　★张三　能　见　<u>一个　姑娘</u>,　爱　<u>一个　姑娘</u>。[cf. (2a)]
張三　−たい　会う　1 CL　女の子　愛する　1 CL　女の子
張三は女の子に会っては、その女の子を愛することができる。

b.　★妈妈　　　　可以　　　　做　<u>一张　饼</u>,　小明
お母さん　−てもいい　　作る　　1 CL　餅　明くん
吃　<u>一张　饼</u>。　　　　　　　　　　　　　　[cf. (2b)]
食べる　　1 CL　餅
お母さんが餅を1枚作ったら、明くんがそれを食べてもいい。

前件と後件の数量表現が異なる場合でも、「動量詞」の場合でも、アスペクト標識が生起できず、必ず裸動詞でなければならない。

(17)　a.　张三　见　了　<u>一个　姑娘</u>,　送　了　<u>一束　花</u>。

張三　会う　Asp　1 CL　女の子　送る　Asp　1 CL　花

≠張三は女の子に会っては、花を1束送った。

b.　李四　去　了　<u>一个　地方</u>，　拍　了　<u>一张　照片</u>。

李四　行く　Asp　1 CL　ところ　とる　Asp　1 CL　写真

≠李四はどこかに行っては、写真を1枚撮った。

(18)　a.　李四　上　了　<u>一天</u>　班，　休息　　了　<u>一天</u>。

李四　する　Asp　1日　仕事　休憩する　Asp　1日

≠李四は1日仕事しては、1日休憩していた。

b.　你　　　来　了　<u>一次</u>，　我　打　了　<u>一次</u>。

あなた　来る　Asp　1 CL　　私　殴る　Asp　1 CL

≠あなたが1回来ては、私は（あなたを）殴った。

　以上、述べてきたように、数量表現を用いる文では、前件と後件の数量表現が常に同一解釈になるわけではない。また、前件と後件の動作が繰りかえされる解釈になるという点や、裸動詞が生起するという点は、前件と後件の数量表現が同一解釈になる文に特徴的なものではない。これらの特徴は、前件と後件で異なる数量表現が用いられている文でも、「動量詞」の文でも、観察されることである。したがって、前件と後件の数量表現が同一解釈になる (2) のような文だけを切り離して連動読み構文と考えるのは適切ではない。

4.4　分析

4.4.1　先行研究

　生成文法の観点から (2) のような文を扱う先行研究には、文（2006）がある。

文（2006）では、(19) のような文を 1 つの構文と見なしており、前件と後件の数量表現が同一解釈となるほかに、(20) のように、文全体として全称量化子が含まれる構文だと分析した。①

(19) a. 治　　　　一个　　病人，　　（治）　　　好　　一个　　　病人，
　　　　診療する　1 CL　患者さん　（治し）　－よい　1 CL　患者さん
　　　　真　　　　是　　　好　　大夫。
　　　　まさに　　COP　　よい　　先生
　　　　患者さんを一人診療しては、その人を治し、とてもいい先生だ。

[cf. 文 2006: 89, (4.76a)]

　　b. 我　　見　　一个　人，　　问　　一个　人，　　都　　　说
　　　　私　　会う　1 CL　人　　聞く　1 CL　人　　Dou　　言う
　　　　没　　看见。
　　　　Neg　　見る
　　　　一人に会っては、その人に聞くが、みな(何も)見ていないと言った。

[cf. 文 2006: 89, (4.76c)]

(20) a. (19a) の logical form

∀ x[病人 (x) ∧治 (y, x)] [治好 (y, x)]　　　　　　　　[文 2006: 90, (4.79a)]

　　b. (19b) の logical form

∀ x[人 (x) ∧見 (y, x)] [问 (y, x)]　　　　　　　　　　[文 2006: 90, (4.79c)]

　この分析に対して、以下では、(19) のような文は、全称量化子が含まれておらず、前件と後件の数量表現が同一解釈、また文全体が全称量化的解釈になるのは、別の要因によるものであると分析したほうが適切であることを

① 文（2006）は、(19) のような文が donkey sentence であると見なしている。

示していく。

4.4.2　裸動詞並置文

　4.3 節で述べたように、この章で扱っている構文では、裸動詞が生起していることが重要なポイントになっている。そこで、ここではまず 1 章で述べた裸動詞にまつわる現象を再掲し、それがどのような統語的特徴を持っていると考えるべきかを述べる。

　1 章で述べたように、中国語において、単文では裸動詞は生起しない。[①]

(21)　a.　*张三　　唱　　歌。
　　　　　張三　　歌う　歌

　　　b.　*小明　　买　　菜。
　　　　　明くん　買う　野菜

助動詞、アスペクト標識などの機能語と共起すれば容認される。

(22)　助動詞

　　　a.　张三　　会　　唱　　歌。　　　　　　　　　[cf. (42a)]
　　　　　張三　　できる　歌う　歌
　　　　　張三は歌を歌える。

　　　b.　小明　　应该　　买　　菜。　　　　　　　　[cf. (42b)]
　　　　　明くん　すべき　買う　野菜
　　　　　明くんは野菜を買うべきだ。

---

①　1 章で述べたように、状態動詞は、裸のままでも単文で用いることができる。

(i)　张三　　喜欢　　李四。
　　張三　　好き　　李四
　　張三は李四のことが好きだ。

(23) アスペクト標識

    a. 張三　　在　　唱　　　歌。　　　　　　　　　　[cf. (42a)]

       張三　　Asp　　歌う　　歌

       張三は歌を歌っている。

    b. 小明　　要　　买　　　菜。　　　　　　　　　　[cf. (42b)]

       明くん　　Aux　　買う　　野菜

       明くんは野菜を買う。

　このような観察に基づき、裸動詞は、基本的に統語素性として bare という解釈不可能素性を持つと考える。[①]

(24) Numeration における動詞の一般形

    <xn, [{V, $\boxed{\text{bare}}$ }, <xn, {}>, ~]>

　動詞が持つ素性 bare は、助動詞やアスペクト標識などの機能語が持つ ★$_{bare}$ という素性とペアをなし、お互いにチェックし合うことによって削除されると考える。たとえば、完了を表すアスペクト標識「了」は、その id-slot に ★$_{bare}$ を持ち、それ全体が (25) の形式になるとする。

(25) 完了を表すアスペクト標識「了」

    <xn, [{P}, < $\boxed{\bigstar_{bare}}$,{<Time, perfect>}>, 了]>

　アスペクト標識を含んだ機能語の範疇素性を P とする。また <Time, perfect> というプロパティを持って、「了」が「完了」の意味を持つことを表記する。裸動詞が持つ素性 bare と、アスペクト標識が持つ素性 ★$_{bare}$ は、

---

① 状態動詞は、脚注 2 で述べたように、アスペクト標識などの機能語と共起せずに単独で文を成すことができるため、bare 素性を持たないとする。

それぞれ以下の規定により削除されると仮定する。

(26) bare の削除規定：

　　bare は、★ bare を置き換えたら、削除される。

(27) ★ bare の削除規定：

　　★ bare は、bare を持つ要素の指標番号に置き換えられたら、削除される。
また、アスペクト標識などの機能語がつかないままでも、裸動詞の節が
2 つ並置されると文法的となる。

(28)　a.　张三　　　唱　　　歌，李四　　　跳　　　舞。
　　　　　張三　　　歌う　　歌　李四　　　踊る　　踊り
　　　　　張三が歌い、李四が踊る。
　　　b.　小明　　　买　　　菜，　　　做　　　饭。
　　　　　明くん　　買う　　野菜　作る　　ご飯
　　　　　明くんは野菜を買い、料理する。

　　そこで、裸動詞の節を 2 つ受け取る機能範疇があると考える。以下、こ
の機能範疇のことを B−Predication と呼び、Numeration における B−Predication
の形式を、(29) のように表記する。

(29)　機能範疇 B−Predication

　　$<xn, [\{Z, <xn, \{<Subject, \boxed{\bigstar \text{ bare,[RH]}} >, <Predicate, \boxed{\bigstar \text{ bare,[LH]}} >\}>\}, \phi, \phi]>$
　　B−Predication は、範疇素性が統語操作に影響を与えないため、Z と
しておく。また、統語素性として、$<xn, \{<Subject, \bigstar \text{ bare,[RH]}>, <Predicate,$
$\bigstar \text{ bare,[LH]}>\}>$ を持っている。Subject と Predicate がそれぞれ持つ ★ bare は、ア

スペクト標識が持つ★ bare と同様に、裸動詞が持つ素性 bare とお互いチェックされることによって削除されるものである。ただし、ここで、★ bare だけではなく、Subject が素性★ bare, [RH] を持つのは、Subject が主要部と Merge する場合に、主要部は右側に Merge（RH-Merge）しなければならないためである。同様に Predicate が素性★ bare, [LH] を持つのは、Predicate が主要部と Merge する場合に、主要部は左側に Merge（LH-Merge）しなければならないためである。①

　　裸動詞並置文は、時制が明示されない構文である。そのため、通常は、現在一般のことを表すと解釈される。しかし特定の文脈があれば、すでに起きた出来事を記述することも、まだ起きていない出来事を記述することも可能である。

(30)　a.　（おととい行った新年祝賀会で）

　　　　　张三　　唱　　歌，　李四　　跳　　　舞。二人表演的节目都很好。
　　　　　張三　歌う　歌　　李四　踊る　踊り
　　　　　張三が歌い、李四が踊った。二人とも披露した出し物はとてもよかった。

　　b.　（明日行うイベントで、張三も李四も出し物を披露する）

　　　　　张三　　　唱　　歌，　李四　　　跳　　　舞。
　　　　　張三　　歌う　歌　　李四　　踊る　　踊り
　　　　　張三が歌い、李四が踊る。

　　これが裸動詞並置文の特徴である証拠に、已然を表すアスペクト標識が生起する (31)、また未然を表すアスペクト標識が生起する (32) では、このよ

---

① 2章、3章で提案した F-Predication と Q-Predication は、それぞれ bare 素性を削除するための機能範疇ではないが、それを削除することもできると考える。

うな解釈の自由度がない。

(31) アスペクト標識「了」

  a. 张三　唱　了 歌，李四　　跳　　了 舞，（大家都很尽兴）。
      張三　歌う Asp 歌　李四　踊る Asp 踊り
      張三が歌い、李四が踊った（から、みんな楽しんだ）。

  b. 小明　　买　了 菜，　做　　了 饭，（帮了我们很大忙）。
      明くん　買う Asp 野菜　作る Asp ご飯
      明くんは野菜を買い、料理もした（ので、非常に助かった）。

(32) アスペクト標識「要」

  a. 张三　　要　唱　　歌，　李四　　要　　跳　　　舞。
      張三　　yao　歌う　歌　李四　　yao　踊る　　踊り
      張三は歌を歌い、李四は踊りを踊る。

  b. 小明　　　要　买　菜，　　做　　饭。
      明くん　　Asp　買う　野菜　作る　ご飯
      明くんは野菜を買い、料理もする。

　　裸動詞並置文の現在一般の「時制」を持つという特徴は、動作者の属性を表すことができる点に現れる。

(33) a. （某芸術団で）

      张三　　唱　歌，李四　　跳　　舞。
      張三　歌う　歌　李四　踊る　踊り
      張三は歌う人で、李四は踊る人だ。

  b. （明くんの家で、明くんが主に家庭の世話をする人である）

小明　　　买　　菜，　　做　　饭。

明くん　　買う　　野菜　作る　　ご飯

明くんは野菜を買い、料理する人だ。

　　(33a) では張三が歌う、李四が踊るのはそれぞれ彼らの仕事として解釈
されるし、(33b) では、明くんは家庭で、野菜を買い、料理する係だと解釈
できる。これは、裸動詞並置文は、現在一般の「時制」を持つため、前件と
後件の動作が反復されるという解釈が生じる結果だと言える。

　　3章で、WH 連動読み構文が、全称量化のような解釈を受ける場合があ
ると述べた。これは、その文が裸動詞並置文であるためになされる解釈で
ある。

(34)　全称量化解釈

　　張三　　　说　　什么，　李四　　　信　　什么。

　　張三　　話す　　何　　李四　　信じる　　何

　　張三が何ᵢを話し、李四が何ᵢを信じる。

　　（＝張三が何を話しても、李四はそれを信じる）

　　(34) は、「話す」と「信じる」の2つの裸動詞が並置されていることに
より、文全体が現在一般の「時制」を持ち、「話す」と「信じる」の動作が
反復される解釈が生じる。この「反復」の解釈が、WH 連動読み構文に全称
量化の解釈を持たせているのである。

　　これに対して、裸動詞並置文ではない WH 連動読み構文の場合には、(35)
のように、存在量化的な解釈になるのである。

(35)　存在量化解釈

　　谁　　　打破　　　了　　花瓶，　谁　　　赔偿。

誰　　打ち−破る　　Asp　　花瓶　　誰　　弁償する

誰ᵢが花瓶を壊した（ので）、誰ᵢが弁償する。

（＝花瓶を壊した人が弁償するべきだ）

(35) は、「花瓶を壊した」という動作は一回しか起こっていないから、その文に生起する wh-phrase の「誰」は存在量化の解釈を受けるのである。

4.4.3　裸動詞並置文と数量表現

以上に説明した裸動詞並置文の特徴は、裸動詞の目的語が数量表現のときにもあてはまる。裸動詞であるからこそ、時制が明示されないのである。

(36)　a.　すでに起きた出来事としての解釈

（この間の料理会のとき、お母さんが作る餅は大好評で）

妈妈　　　　做　一张饼，　小明　　吃　　一张饼。

お母さん　作る　1 CL　餅　　明くん　食べる　1 CL　餅

お母さんが餅を1枚作っては、明くんがそれを食べた。

　　b.　まだ起きていない出来事としての解釈

（お母さんが作る餅はおいしいとお母さんに誇らせるために、お母さんが作る前に、お父さんと明くんでは、以下のことを決めた）

妈妈　　　　做　一张饼，　小明　　吃　　一张饼。

お母さん　作る　1 CL　餅　　明くん　食べる　1 CL　餅

お母さんが餅を1枚作っては、明くんがそれを食べる。

そして、文脈上、特に時制が明示されていない場合には、現在一般の「時制」を持つ。このことが反復の解釈ももたらす。

ただし、1章で述べたように、裸名詞は、単なる概念を表すのに対して、目的語の位置に生起する数量表現は、動詞によって表される動作に終結点（end point）があることを含意する。そのため、数量表現が関わる裸動詞並

置文においては、終結点を持つ動作が並置されているということになる。ゆえに、2つの動作に順序があるという解釈が生まれる。つまり、「前件の動作が先に起こり、その後、後件の動作が起こる」という解釈になるのである。[①]

(37) 数量表現が関わる裸動詞並置文

    a. =(2a)

        张三   见   一个   姑娘，   爱   一个   姑娘。

        张三   会う   1 CL   女の子   愛する   1 CL   女の子

        张三は女の子に会っては、その女の子を愛する。

    b. =(12a)

        张三   见   一个   姑娘，   送   一束   花。

        张三   会う   1 CL   女の子   送る   1 CL   花

        张三は女の子に会っては、花を1束送る。

    このように、数量表現が、目的語の位置に生起する場合に、「動詞によって表される動作に終結点をつける」という役割を持つため、数量表現が関わる裸動詞並置文において、前述したように、前件と後件の数量表現は目的語の位置に生起しなければならない。

---

① 以下の文は、解釈が多義的であり、前件と後件は並列関係としても、継起関係としても解釈される。

(i) a. 张三   邀请   一个   姑娘，   李四   邀请   一个   姑娘。

        张三   誘う   1 CL   女の子   李四   誘う   1 CL   女の子

        並列関係：张三が一人の女の子を誘い、李四が一人の女の子を誘う。

        継起関係：张三が一人の女の子を誘っては、李四が一人の女の子を誘う。

  b. 张三   买   一本   书，   写   一本   书。

        张三   買う   1 CL   本   書く   1 CL   本

        並列関係：张三が本1冊を買い、1冊を書く。

        継起関係：张三が本1冊を買っては、1冊を書く。

(38)　a.　目的語－目的語

　　　　張三　　見　　<u>一个</u>　　姑娘，　　爱　　　<u>一个</u>　　　姑娘。

　　　　張三　　会う　　1 CL　女の子　　愛する　　1 CL　女の子

　　　　張三は女の子に会っては、その女の子を愛する。

　　　b.　主語－主語

　　　　<u>一个</u>　　姑娘　　洗　　菜，　　<u>一个</u>　　姑娘　　切　　菜。

　　　　1 CL　女の子　洗う　野菜　1 CL　女の子　　切る　野菜

　　　　≠女の子は野菜を洗っては、野菜を切る。

　　　c.　主語－目的語

　　　　<u>一个</u>　　姑娘　　　做，　　張三　　　帮　　　<u>一个</u>　　　姑娘。

　　　　1 CL　女の子　　作る　張三　　助ける　1 CL　女の子

　　　　≠女の子がやっては、張三はその女の子の補助をする。

　　　d.　目的語－主語

　　　　張三　　見　　<u>一个</u>　　　姑娘，　　<u>一个</u>　　　姑娘　　拒绝　　他。

　　　　張三　　会う　1 CL　女の子　　1 CL　女の子　　断る　彼

　　　　≠張三は女の子と会っては断られる。

同様の理由により、数量表現は埋め込まれることもできない。

(39)　a.　張三　　　見　　[[<u>一个</u>　　姑娘　　写　　　的]　字]，

　　　　張三　　　見る　　1 CL　女の子　書く　　の　字

　　　　爱　　<u>一个</u>　　姑娘。

　　　　愛する　　1 CL　女の子

　　　　≠張三は、女の子が書いた字を見ては、その女の子を愛する。

　　　b.　小明　　　学　　[[<u>一种</u>　　饼]　的　　做法]，　　掌握

　　　　明くん　　学ぶ　1 CL　餅　　の　　作り方　　マスターする

一种　　　饼。

1 CL　　　餅

≠明くんは、餅の作り方を1種類学んでは、1種類をマスターする。

このように、数量表現が関わる裸動詞並置文は、その名の通り、裸動詞並置文としてもつ性質と、数量表現が目的語の位置に生起する場合に担う役割が相まって作用した結果、前件の動作と後件の動作が順番に起こり、またそれらの動作が反復されるという解釈を持つわけである。

4.4.4　「同一解釈」が起こる理由

では、数量表現が関わる裸動詞並置文において、「同一解釈」がしばしば見られるのはなぜだろうか。本書では、「同一解釈」を保証する統語操作が起こったわけではなく、裸動詞並置文の前件と後件の「関連性」を高めようとした結果、このような解釈が誘発されただけであるということを主張する。

(28a) の「唱歌（歌う）」と「跳舞（踊る）」のように純粋な概念ならば、単に並置しただけでも、内容が「関連」しうる。しかし、(40) のように、「唱一首歌（1曲歌う）」、「跳一支舞（1曲踊る）」のように end point が示される具体的な動作になると、「関連」性が薄いため、容認性が低い。

(28a)　张三　　　唱　　　歌，　李四　　　跳　　　舞。

　　　　张三　　　歌う　　歌　　李四　　　踊る　　踊り

　　　　张三は歌い、李四は踊る。

(40)　??张三　　唱　　一首　歌，　李四　　　跳　　一支　舞。

　　　　张三　　歌う　1 CL　歌　李四　　　踊る　1 CL　踊り

　　　　张三が1曲歌っては、李四が1曲踊る。

(40) に対して、たとえば次のような文脈が加わると、「張三と李四は競争関係にあり、張三が 1 曲歌うと、李四も 1 曲踊る」という前件と後件の「関連」性が明示的になる。そうすると、容認性が高くなる。

(40)'　（張三と李四はそれぞれ、文芸の才能があり、ライバル関係である。
　　　何かのイベントの際に）
　　張三　　唱　　一首　　歌，　李四　　跳　　一支　　舞。
　　張三　　歌う　1 CL　歌　李四　　踊る　　1 CL　踊り
　　張三が 1 曲歌っては、李四が 1 曲踊る。

　　また、(41a) では、前件と後件で主語が同じ「張三」であるが、(41a) は、前件「ジャガイモを 1 個蒸す」と後件「饅頭を 1 個作る」は、ほぼ意味的に関連していないため、容認されにくい。それに対して、(41b) では、前件で作られるジャガイモは、後件で行われる動作の材料として考えられ、前件と後件の継起関係が高まったため、容認されている。

(41)　a.　??張三　蒸　一个　　土豆，　　做　一个　　馒头。
　　　　　　張三　蒸す　1 CL　ジャガイモ　作る　1 CL　饅頭
　　　　　　張三はジャガイモを 1 個蒸しては、饅頭を 1 個作る。
　　　b.　（張三は、ポテトサラダを作ろうとして）
　　　　　　張三　蒸　一个　　土豆，　　　做　一个　　沙拉。
　　　　　　張三　蒸す　1 CL　ジャガイモ　作る　1 CL　サラダ
　　　　　　張三はジャガイモを 1 個蒸しては、サラダを 1 つ作る。

　　このように、数量表現が関わる裸動詞並置文は、世界知識から見て、前件と後件の意味的な関連性が低い場合は容認性が低く、前件と後件が意味的に関連付けられている場合は容認性が高いようである。言い換えれば、数量

表現が関わる裸動詞並置文は、世界知識に頼って容認性が判断されやすいということである。

　このようなことがあるために、前件と後件が同じ数量表現を持っている場合、次の(42)、(43)のように、「土豆（ジャガイモ）」と「蛋糕（ケーキ）」がそれぞれ表すものは同一のものであると解釈されやすい。

(42)　張三　　洗　　　一个　　　　土豆,　　　李四　　　切
　　　張三　　洗う　1 CL　　ジャガイモ　李四　　　切る
　　　一个　　　土豆。
　　　1 CL　　ジャガイモ
　　　張三がジャガイモを1個洗っては、李四がそれを切る。

(43)　張三　　做　　一块　　蛋糕,　　　吃　　　一块　　　蛋糕。
　　　張三　　作る　　1 CL　ケーキ　食べる　1 CL　　　ケーキ
　　　張三はケーキを1つ作っては、それを食べる。

　ただし、4.3 節で述べたように、文脈によっては、前件と後件の数量表現がそれぞれ異なるものを指す解釈も不可能ではない。

(44)　（なんらかのゲームで、手元に常にジャガイモ1個がある状態を保た
　　　　なければならないから、張三は新しいジャガイモを1個洗ったら、李
　　　　四は洗ってある古いジャガイモを1個切る）
　　　張三　　洗　一个　　土豆,　　李四　　切　一个　　　土豆。
　　　張三　洗う　1 CL　ジャガイモ　李四　切る　1 CL　ジャガイモ
　　　張三がジャガイモを1個洗っては、李四が(別の)ジャガイモを1個切る。

(45)　（ケーキの数がかわらないようにするために、張三は新しいケーキを
　　　1個作ったら、古いケーキを1個食べる）

張三　　　做　　　一块　　　蛋糕，　　　吃　　　　一块　　　　蛋糕。
張三　　作る　　　1 CL　　ケーキ　　食べる　　　1 CL　　ケーキ
張三はケーキを1つ作っては、（別の）ケーキを1つ食べる。

(2) も、世界知識を援用して考えると、前件の数量表現と後件の数量表
現が同一解釈になる場合として解釈されやすいため、結果的に同一解釈にな
っているのである。

(2)　a.　张三　　　见　　　一个　　　姑娘，　　　爱　　　一个　　　　姑娘。
　　　　張三　　会う　　　1 CL　　女の子　　愛する　　1 CL　　女の子
　　　　張三は女の子に会っては、その女の子を愛する。

　　　b.　妈妈　　　　做　　　一张　饼，　小明　　　　吃
　　　　お母さん　　作る　　　1 CL　餅　明くん　　　食べる
　　　　一张　　饼。
　　　　1 CL　　餅
　　　　お母さんが餅を1枚作っては、明くんがそれを食べる。

　　　c.　小王　　　很　　　厉害，　　做　　　一道　　題，
　　　　王くん　　とても　すごい　　する　　1 CL　　問題
　　　　对　　　一道　　題。
　　　　正解する　　1 CL　　問題
　　　　王くんは賢くて、1問解いては、それを正解する。

　(2a) では、「張三が女の子に会って、別の女の子（会っていない女の子）
を愛する」ということは考えられないから、前件と後件の「姑娘（女の子）」
は同一人物と解釈される。(2b) も、「お母さんが新しい餅を1枚作ったら、

明くんが古い餅を食べる」という文脈がない限り、お母さんが作る餅と、明くんが食べる餅は、同じ餅として解釈されやすい。さらに、(2c) も、「王くんが1問解いて、別の1問を正解する」ということは普通ありえないため、結果的に同じ問題を指す解釈になっているのである。

　以上、数量表現が関わる裸動詞並置文において、前件と後件の動作が継起して起こるため、その両者に関連性が求められる。このような要請により、前件と後件が同じ数量表現を持つと、それらが同一解釈になるのである。

4.5　まとめ

　以上、本章では、数量表現が関わる裸動詞並置文は、一見、WH 連動読み構文と解釈が類似しているが、WH 連動読み構文とは区別されるべきであることを示した。裸動詞は解釈不可能素性を持っているため、裸動詞並置文には、2つの裸動詞の解釈不可能素性を削除する B–Predication という機能範疇が含まれる。しかし、B–Predication は、数量表現の有無については特に何も指定していない。これは、WH 連動読み構文に含まれる機能範疇 Q–Predication が、2つの wh–phrase を明示的に要求していたことと大きく異なっている。それにもかかわらず、裸動詞並置文でしばしば連動読みのような解釈が見られるのは、統語的な操作の結果ではなく、裸動詞の持つ特性と、目的語の位置に数量表現があらわれていることから導かれるという分析を提示した。

4.6　Appendix

　統語意味論の形式で裸動詞並置文を表すと、たとえば (2a) は、(46) の

Numeration を持っていると考えている。

(2) a. 张三　　见　　<u>一个　　姑娘</u>,　　爱　　<u>一个　　姑娘</u>。
　　　　張三　　会う　　1 CL　女の子　　愛する　　1 CL　女の子
　　　　張三は女の子に会っては、その女の子を愛する。

(46)　(2a) の Numeration[①]

a. <x1, [{N}, <x1, {<Name, 张三 >}>, 张三]>

b. <x2, [{V, bare }, <x2, {<Kind, 见 >, <Agent, ★[RH] >, <Theme, ★[LH] >}>, 见]>

c. <x3, [{Num}, <x3, {<Quantity, 1>, <Kind, ★[RH] >}>, 一]>

d. <x4, [{CL}, < ● , {<Type, 个 >}>, 个]>

e. <x5, [{N}, <x5, {<Kind, 姑娘 >}>, 姑娘]>

f. <x6, [{V, bare }, <x6, {<Kind, 爱 >, <Agent, ★[RH] >, <Theme, ★[LH] >}>, 爱]>

g. <x7, [{N}, <x7, {}>, φ]>

h. <x8, [{Num}, <x8, {<Quantity, 1>, <Kind, ★[RH] >}>, 一]>

i. <x9, [{CL}, < ● , {<Type, 个 >}>, 个]>

j. <x10, [{N}, <x10, {<Kind, 姑娘 >}>, 姑娘]>

k. <x11, [{Z, <x11, {<Subject, ★bare,[RH] >, <Predicate, ★bare,[LH] >}>}, φ, φ]>

4.4.1 節では、解釈不可能素性 bare と ★bare の削除規定を示した。(46) の

---

① 「爱（愛する）」は状態動詞であるが、(2) では、「張三は女の子に会っては、その女の子に好意を持つようになる」という変化を表しており、状態ではないため、(46) の Numeration において「爱（愛する）」は bare 素性を持っていると考える。

ように、機能範疇 B-Predication が★ ~bare~ を持つ場合に、[RH]（RH–Merge）、[LH]（LH–Merge）が関わっているため、それらの削除規定を改めて (47)、(48) のように示す。

(47) bare の削除規定

　bare は、★ ~bare, [RH]~ あるいは★ ~bare,[LH]~ を置き換えたら、削除される。

(48) ★ ~bare,[RH]~ の削除規定

　★ ~bare,[RH]~ は、bare を持つ要素と RH–Merge したときに、相手の指標番号に置き換えられる。

　★ ~bare,[LH]~ の削除規定

　★ ~bare,[LH]~ は、bare を持つ要素と LH–Merge したときに、相手の指標番号に置き換えられる。

　以下では、(2a) の派生過程を示していく。

(49) Merge base = {(46a), (46b), (46c), (46d), (46e), (46f), (46g), (46h), (46i), (46j),(46k)}

　(46c)<x3, [{Num}, <x3, {<Quantity, 1>, <Kind, $\boxed{\bigstar_{[RH]}}$ >}>, 一]>
　(46d)<x4, [{CL}, < $\boxed{\bullet}$, {<Type, 个 >}>, 个]>

⇒ LH–Merge

　<x3, [{Num}, <x3, {<Quantity, 1>, <Kind, $\boxed{\bigstar_{[RH]}}$ >}>, <
　　<x3, [{Num}, ϕ , 一]>
　　<x4, [{CL}, < x3 , {<Type, 个 >}>, 个]>
　>]>

(50) Merge base = {(46a), (46b), (46e), (46f), (46g), (46h), (46i), (46j),(46k), (49)}

(49) 略

(46e)<x5, [{N}, <x5, {<Kind, 姑娘 >}>, 姑娘]>

⇒ RH−Merge

<x5, [{N}, <x5, {<Kind, 姑娘 >}>, <

    <x3, [{Num}, <x3, {<Quantity, 1>, <Kind, x5 }>, <

       <x3, [{Num}, ϕ , 一]>

       <x4, [{CL}, <x3, {<Type, 个 >}>, 个]>

    >]>

    <x5, [{N}, ϕ , 姑娘]>

>]>

```
            x5
           /  \
          x3   x5
               姑娘
         /\
        x3 x4
        一  个
```

(51) Merge base = {(46a), (46b), (46f), (46g), (46h), (46i), (46j),(46k), (50)}

(46b)<x2, [{V, bare }, <x2, {<Kind, 见 >, <Agent, ★[RH] >, <Theme, ★[LH] >}>, 见]>

(50) 略

⇒ LH−Merge

<x2, [{V, bare }, <x2, {<Kind, 见 >, <Agent, ★[RH] >, <Theme, x5 >}>, <

    <x2, [{V}, ϕ , 见]>

    <x5, [{N}, <x5, {<Kind, 姑娘 >}>, <

       <x3, [{Num}, <x3, {<Quantity, 1>, <Kind, x5>}>, <

          <x3, [{Num}, ϕ , 一]>

          <x4, [{CL}, <x3, {<Type, 个 >}>, 个]>

       >]>

       <x5, [{N}, ϕ , 姑娘]>

```
            x2
           /  \
          x2   x5
          见   / \
              x3  x5
                  姑娘
             /\
            x3 x4
            一  个
```

>]>

>]>

(52)   Merge base = {(46a), (46f), (46g), (46h), (46i), (46j),(46k), (51)}

(46a)<x1, [{N}, <x1, {<Name, 张三 >}>, 张三]>

(51) 略

⇒ RH−Merge

<x2, [{V, bare }, <x2, {<Kind, 见 >, <Agent, x1 >, <Theme, x5 >}>, <

<x1, [{N}, <x1, {<Name, 张三 >}>, 张三]>

<x2, [{V}, ϕ , <

<x2, [{V}, ϕ , 见]>

<x5, [{N}, <x5, {<Kind, 姑娘 >}>, <

<x3, [{Num}, <x3, {<Quantity, 1>, <Kind, x5}>, <

<x3, [{Num}, ϕ , 一]>

<x4, [{CL}, <x3, {<Type, 个 >}>, 个]>

>]>

<x5, [{N}, ϕ , 姑娘]>

>]>

>]>

>]>

(53)   Merge base = {(46f), (46g), (46h), (46i), (46j),(46k), (52)}

(46h)<x8, [{Num}, <x8, {<Quantity, 1>, <Kind, ★[RH] >}>, 一]>

(46i)<x9, [{CL}, < ● , {<Type, 个 >}>, 个]>

⇒ LH－Merge

    <x8, [{Num}, <x8, {<Quantity, 1>, <Kind, ★[RH] >}>, <

        <x8, [{Num}, ϕ , 一]>

        <x9, [{CL}, < x8 , {<Type, 个 >}>, 个]>

    >]>

(54)   Merge base = {(46f), (46g), (46j),(46k), (52), (53)}

    (53) 略

    (46j)<x10, [{N}, <x10, {<Kind, 姑娘 >}>, 姑娘]>

⇒ RH－Merge

    <x10, [{N}, <x10, {<Kind, 姑娘 >}>, <

        <x8, [{Num}, <x8, {<Quantity, 1>, <Kind, x10 >}>, <

            <x8, [{Num}, ϕ , 一]>

            <x9, [{CL}, <x8, {<Type, 个 >}>, 个]>

        >]>

        <x10, [{N}, ϕ , 姑娘]>

    >]>

(55)   Merge base = {(46f), (46g), (46k), (52), (54)}

    (46f)<x6, [{V, bare }, <x6, {<Kind, 爱 >, <Agent, ★[RH] >, <Theme, ★[LH] >}>, 爱]>

    (54) 略

⇒ LH－Merge

    <x6,[{V, bare }, <x6,{<Kind, 爱 >, <Agent, ★[RH] >, <Theme, x10 >}>, <

<x6, [{V}, ϕ , 爱]>

<x10, [{N}, <x10, {<Kind, 姑娘 >}>, <

    <x8, [{Num}, <x8, {<Quantity, 1>, <Kind, x10>}>, <

        <x8, [{Num}, ϕ , 一]>

        <x9, [{CL}, <x8, {<Type, 个 >}>, 个]>

    >]>

    <x10, [{N}, ϕ , 姑娘]>

>]>

>]>

(56)   Merge base = {(46g), (46k), (52), (55)}

(46g)<x7, [{N}, <x7, {}>, ϕ]>

(55) 略

⇒ RH−Merge

<x6, [{V, bare }, <x6, {<Kind, 爱 >, <Agent, x7 >, <Theme, x10>}>, <

    <x7, [{N}, <x7, {}>, ϕ]>

    <x6, [{V}, ϕ , <

        <x6, [{V}, ϕ , 爱]>

        <x10, [{N}, <x10, {<Kind, 姑娘 >}>, <

            <x8, [{Num}, <x8, {<Quantity, 1>, <Kind, x10>}>, <

                <x8, [{Num}, ϕ , 一]>

                <x9, [{CL}, <x8, {<Type, 个 >}>, 个]>

            >]>

            <x10, [{N}, ϕ , 姑娘]>

        >]>

>]>

>]>

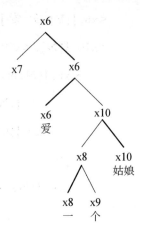

(57)   Merge base = { (46k), (52), (56)}

(46k)<x11, [{Z, <x11, {<Subject, ★ bare,[RH] >, <Predicate, ★ bare,[LH] >}>}, ϕ ,

ϕ]>

(56) 略

⇒ LH−Merge

<x11, [{Z, <x11, {<Subject, ★ bare,[RH] >, <Predicate, x6 >}>}, ϕ , <

<x11, [{Z}, ϕ , ϕ]>

<x6, [{V}, <x6, {<Kind, 爱 >, <Agent, x7>, <Theme, x10>}>, <

<x7, [{N}, <x7, {}>, ϕ]>

<x6, [{V}, ϕ , <

<x6, [{V}, ϕ , 爱]>

<x10, [{N}, <x10, {<Kind, 姑娘 >}>, <

<x8, [{Num}, <x8, {<Quantity, 1>, <Kind, x10>}>, <

<x8, [{Num}, ϕ , 一]>

<x9, [{CL}, <x8, {<Type, 个 >}>, 个]>

>]>

<x10, [{N}, ϕ , 姑娘]>

                    >]>

                >]>

            >]>

        >]>

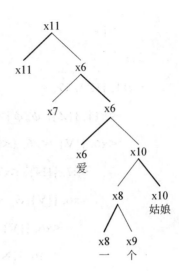

(58)   Merge base = {(52), (57)}

   (52) 略

   (57) 略

⇒ RH−Merge

   <x11, [{Z, <x11, {<Subject, x2 >, <Predicate, x6>}>}, ϕ, <

      <x2, [{V}, <x2, {<Kind, 见 >, <Agent, x1>, <Theme, x5>}>, <

         <x1, [{N}, <x1, {<Name, 张三 >}>, 张三]>

      <x2, [{V}, ϕ, <

         <x2, [{V}, ϕ, 见]>

      <x5, [{N}, <x5, {<Kind, 姑娘 >}>, <

         <x3, [{Num}, <x3, {<Quantity, 1>, <Kind, x5}>, <

            <x3, [{Num}, ϕ, 一]>

            <x4, [{CL}, <x3, {<Type, 个 >}>, 个]>

         >]>

         <x5, [{N}, ϕ, 姑娘]>

      >]>

                                         4. 裸動詞並置文
                                 ◄ 219 ►

>]>

>]>

<x11, [{Z}, φ, <

<x11, [{Z}, φ, φ]>

<x6, [{V}, <x6, {<Kind, 爱>, <Agent, x7>, <Theme, x10>}>, <

<x7, [{N}, <x7, {}>, φ]>

<x6, [{V}, φ, <

<x6, [{V}, φ, 爱]>

<x10, [{N}, <x10, {<Kind, 姑娘>}>, <

<x8, [{Num}, <x8, {<Quantity, 1>, <Kind, x10>}>, <

<x8, [{Num}, φ, 一]>

<x9, [{CL}, <x8, {<Type, 个>}>, 个]>

>]>

<x10, [{N}, φ, 姑娘]>

>]>

>]>

>]>

>]>

>]>

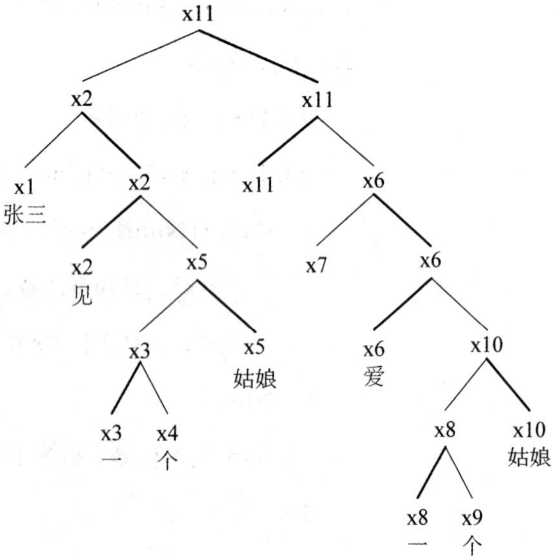

(59) 意味素性

$<x11, \{<Subject, x2>, <Predicate, x6>\}>$

$<x2, \{<Kind, 见>, <Agent, x1>, <Theme, x5>\}>$

$<x1, \{<Name, 张三>\}>$

$<x5, \{<Kind, 姑娘>\}>$

$<x3, \{<Quantity, 1>, <Kind, x5>\}>$

$<x3, \{<Type, 个>\}>$

$<x6, \{<Kind, 爱>, <Agent, x7>, <Theme, x10>\}>$

$<x7, \{\}>$

$<x10, \{<Kind, 姑娘>\}>$

$<x8, \{<Quantity, 1>, <Kind, x10>\}>$

$<x8, \{<Type, 个>\}>$

(60) 意味表示

$\{<x11, \{<Subject, x2>, <Predicate, x6>\}>$

$<x2, \{<Kind, 见>, <Agent, x1>, <Theme, x5>\}>$

$<x1, \{<Name, 张三>\}>$

$<x5, \{<Kind, 姑娘>, <Quantity, 1>, <Type, 个>\}>$

$<x6, \{<Kind, 爱>, <Agent, x7>, <Theme, x10>\}>$

$<x7, \{\}>$

$<x10, \{<Kind, 姑娘>, <Quantity, 1>, <Type, 个>\}>\}$

5　結論

　　本書では、中国語における3つの並置文(比較相関構文、WH連動読み構文、裸動詞並置文)を対象にし、その統語構造と意味の表示が、どのように対応しているかを明らかにした。その内容はそれぞれ以下のようになっている。

　　まず、中国語の比較相関構文、すなわち「越(yue)構文」について、この構文が成り立つための意味条件と構造条件を示した。越(yue)によって修飾される要素は、target 素性を持っていなければならず、「長距離にわたって継承される target 素性によって、越(yue)が持つ解釈不可能素性 ●_{<target>} が削除される」場合のみ、越(yue)とその要素における修飾関係が成り立つのである。また、越(yue)構文が成立する構造条件として、機能範疇 F−Predication の両側の項にそれぞれ越(yue)が含まれていなければならないことを提案し、その分析を述べた。

(1)　比較相関構文の構造

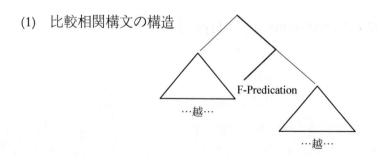

この条件は、越（yue）が持つ素性 F−Subject あるいは F−Predicate が、最終的にそれぞれ F−Predication の素性★ F−Subject, [LH]、★ F−Predicate, [RH] とチェックし、それらを置き換えることで保障される。つまり、この 4 つの解釈不可能素性がすべて取り除かれれば、越（yue）構文の構造条件が満たされることになり、適格な越（yue）構文が出力される。一方、もし解釈不可能素性が 1 つでも残れば、越（yue）構文の構造条件が満たされないことになり、不適格な越（yue）構文になるということである。

　次に、WH 連動読み構文において、前件の wh−phrase と後件の wh−phrase が同一解釈になる仕組みについて、次のような分析を提案した。WH 連動読み構文では、Q−Predication という機能範疇によって、「xm は xk だ」（xm は前件の wh−phrase が持つ指標番号、xk は後件の wh−phrase が持つ指標番号）という意味表示が作られることで、結果的に「wh−phrase = wh−phrase」として解釈される。つまり、WH 連動読み構文は、次のような構造を成しているということである。

(2)　WH 連動読み構文の構造

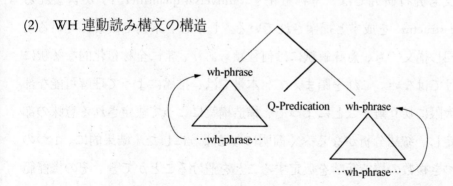

　WH 連動読み構文では、wh−phrase が持つ素性が上位構造へ継承されていくため、最終的に Q−Predication によって結ばれ、「wh−phrase = wh−phrase」という関係が作られるのである。

また、数量表現が関わる裸動詞並置文について次の分析を提示した。まず、数量表現が関わる裸動詞並置文は、一見、WH 連動読み構文と解釈が類似しているが、記述的に WH 連動読み構文とは異なっているため、WH 連動読み構文とは異なる構文であることを示した。その上で、裸動詞並置文は、2 つの裸動詞の解釈不可能素性を削除する B-Predication という機能範疇が含まれていると提案した。B-Predication は、裸動詞が持つ解釈不可能素性を削除するが、数量表現の有無については特に何も指定していない。このため、WH 連動読み構文に含まれる機能範疇 Q-Predication が、2 つの wh-phrase を明示的に要求することとは大きく異なっている。それにもかかわらず、裸動詞並置文でしばしば連動読みのような解釈が見られるのは、統語的な操作の結果ではなく、裸動詞の持つ特性と、目的語の位置に数量表現が生起していることから導かれるという分析を提示した。

　これらの並置文は条件文と類似する解釈を持つことから、先行研究において、しばしば条件文に対して使われた分析がそのまま適用されていた。どの構文も先行研究では、全称量化子（universal quantifier, ?）が含まれる tripartite structure を成すと提案されている。しかし、本論で観察しているように、同じ構文でも、意味解釈には何種類もあり、常に全称量化的な解釈になるわけではない。これを踏まえて、本書では、推論によって理解可能な部分を最大限に切り離すことによって、構造構築によって決定される意味の部分を限定し、統語分析がなるべく簡明になるようにした。結果的に、1 つの構文につき複数の機能範疇を仮定することを避けることができ、その機能範疇によって、それぞれの構文の本質をとらえることができた。

　本書で提案する機能範疇、またそれとペアを成す解釈不可能素性は汎用性が高く、中国語におけるほかの構文にも当然含まれていると考えられる。まず、F-Predication は、前件と後件の focus 要素に基づき計算を行うもので

あり、以下の「…再…也…（…いくら…ても…）」構文、また「…連…都…
（…さえ…（も）…）」にも F-Predication が関わっているであろう。

(3)　「…再…也…（…いくら…ても…）」構文
　　a.　你　　　再　哭，他　也　不　会　　回来　　了。
　　　　あなた　いくら　泣く　彼　も　Neg　Aux　帰ってくる　SFP
　　　　あなたがいくら泣いても、彼はもう帰ってこないのだ。
　　b.　[NP再　难　教　的　学生]　他　也　教　　过。
　　　　いくら　難しい　教える　の　学生　彼　も　教える　Asp
　　　　いくらいたずらをする学生でも、彼は教えたことがある。

(4)　「…連…都…（…さえ…（も）…）」構文
　　a.　学生　連　　　写错　　一个　字，老师　都　不　允许。
　　　　学生　さえ　書き間違える　1 CL　字　　先生　Dou　Neg　許す
　　　　学生が一文字を書き間違えることさえも、先生は許さない。
　　b.　[NP連　用功　的　　学生]　都　　考不到　　八十分。
　　　　さえ　勤勉　の　　学生　Dou　取れない　80 点
　　　　勤勉な学生でさえ、80 点は取れない。
　　　(3)、(4) は、越（yue）構文と同様に、前件と後件が共起していなければ
ならない。また前件が NP になることができる。
　　　Q-Predication は、(5) のように解釈不可能素性 ★ <ind> を持つ機能範疇で
あることを述べた。

(5)　Numeration における Q-Predication の形式
　　　<xn, [{Z, <xn, {<Subject, ★ <ind>, [RH] >, <Predicate, ★ <ind>, [LH] >}>}, φ,

ϕ]>

　★ _{＜ind＞} は、(6) のように wh−phrase が持つ素性 <ind, xn> とチェックすると、削除される。

(6)　Numeration における wh−phrase の形式

　　　<xn,[{N, |<ind,xn>| },<xn,{<Kind, 人 >,<Identity, unknown>}>, 谁]>

　　　<xn,[{N, |<ind,xn>| },<xn,{<Kind, もの >,<Identity, unknown>}>, 什么]>

　　　<xn,[{N, |<ind,xn>| },<xn,{<Kind, 場所 >,<Identity, unknown>}>, 哪儿]>

　　　3 章で述べたように、Q−Predication だけでなく、中国語全般において、wh−phrase を認可する機能範疇が★ _{＜ind＞} を持っていると考えられる。

　　　疑問解釈になる wh−phrase は、(25) に示す疑問 operator によって認可され、全称量化的解釈になる wh−phrase は、(8) の機能範疇によって認可されるが、どちらも★ _{＜ind＞} を持つものである。

(7)　wh−phrase を疑問解釈に認可する疑問 operator

　　　[{Z}, <id, {<Focus, |★ _{＜ind＞}| >}>, ϕ]

(8)　wh−phrase を全称量化的解釈に認可する機能範疇

　　　[{Z, <id, {<Subject, |★ _{＜ind＞}| >, <Predicate, ★ >}>, Partitioning}, ϕ, 都]

　　　また、具体的な形式を提示していないが、存在量化的な解釈になるwh−phrase も、★ _{＜ind＞} を持つ節レベルの機能範疇によって認可されると提案した。このように、★ _{＜ind＞} は、Q−Predication だけではなく、wh−phrase を認可するすべての機能範疇に含まれている。

　　　さらに、B−Predication は、4 章では具体的に前件と後件の裸動詞を関

連づけるものとして提案したが、より一般的に、前件と後件の関連性を要求する機能範疇であると考える可能性もあるだろう。そう考えれば、以下のように、動詞句だけではなく、名詞句、名詞述語文、形容詞述語文にも適用することができる。たとえば、(9a) のように、名詞句 1 つのみであれば容認されないが、(9b) のように 2 つ並置すると、容認されるようになる。

(9) 名詞句の対句

   a. ★说出去   的   话。
       言い - しまう   の   話
       言ってしまった話。

   b. 说出去   的   话,   泼出去   的   水。
       言い - しまう   の   話   ぶちまけ - しまう   の   水
       言ってしまった話は、ぶちまけてしまった水のようだ。

　また、(10) の名詞述語文では、(10a) のように Copular「是」がなければ、「这件衣服名牌」が名詞述語文として成り立たないのに対して、(10b) のように前件と後件が関連付けられていれば、「是」がなくても容認される。

(10) 名詞述語文の対句

   a. 这   件   ★（是）   名牌。
       この   CL   （Cop）   ブランド
       この 1 着（洋服）はブランドである。

   b. 这   件   名牌,   那件   非   名牌。
       この   CL   ブランド   そのCL   非   ブランド
       この 1 着（洋服）はブランドであり、その 1 着（洋服）はブランドではない。

5. 結論

さらに、(11a) の形容詞述語文は、「今天热」だけでは比較構文にならず、「今日は暑い」という意味を表せないが、(11b) のように前件と後件が関連づけられれば、「今日は暑い」という意味を表せるようになる。

(11)　形容詞述語文の対句

　　a.　今天　　　热。

　　　　今日　　　暑い

　　　　ok（昨日より）今日は暑い。

　　　　★今日は暑い。

　　cf. 今天　　　很　　　热。

　　　　今日　　　とても　　暑い

　　　　今日は暑い。

　　b.　今天　　　热，　昨天　　　冷。

　　　　今日　　暑い　　昨日　　寒い

　　　　今日は暑くて、昨日は寒かった。

　このように、B-Predication は、Predication の中で最も無標であり、中国語の中で一般的に働くものである。以上述べてきたように、本書で提案した機能範疇は、限られた構文を説明するだけではなく、他の多くの構文にも適用可能なものである。

　人間は、言語からものを理解する際に、言語によって表されている情報に加え、推論や世界知識を援用して情報を補っている。つまり、人間が理解する意味全体が構造構築によって決定されなければならないと考える必要はないのである。本博士論文では、機能範疇の存在によって並置文の前件と後件の意味の関係を明らかにしつつ、推論によって理解可能な部分を最大限に切り離すことによって、統語分析がなるべく簡明になるようにした。結果的

に、1つの構文につき複数の機能範疇を仮定することを避けることができ、その機能範疇によって、それぞれの構文の本質をとらえることができた。このような機能範疇の活躍は、中国語という言語のシステムの特徴を反映するものである。

参考文献

Aoun, Joseph &Y.-H. Audrey Li (1993a) *Syntax of Scope*. Cambridge, Massachusetts: MIT Press.

Aoun, Joseph &Y.-H. Audrey Li (1993b) WH-elements in Situ: Syntax or LF ? *Linguistic Inquiry* 24: 199-238.

Badan, Linda (2008a) The even-construction in Mandarin Chinese. In: Redouane Djamouri, Barbara Meisterernst & Rint Sybesma (eds.)*Chinese Linguistics in Leipzig*: 101-116.

Badan, Linda(2008b) Preposed object and low periphery in Mandarin Chinese. *Studies in Linguistics: CISCL Working Papers on Language and Cognition* 2: 19-42.

Bruening, Benjamin & Thuan Tran (2006) Wh-conditionals in Vietnamese and Chinese: Against Unselective Binding. The Proceedings of the 32th Annual Meetingof the Berkeley Linguistics Society: 49-60.

Cheng, LisaL.-S. (1991) *On the Typology of Wh-questions*. Doctoral dissertation, MIT.

Cheng, L.-S. Lisa (1995) On dou-quantification. *Journal of East Asian Linguistics* 4: 197-234.

Cheng, Lisa L.-S. & C.-T. James Huang (1996) Two types of donkey sentences. *Natural Language Semantics* 4: 121-163.

Cheung, Candice Chi Hang (2006) The syntax and semantics of bare conditionals in Chinese. In: E. Puig-Waldmuller (ed.) *Proceedings of Sinn und Bedeutung* 11, 150-164. Barcelona: Universitat Pompeu Fabra.

Chierchia, Gennaro (2000) Chinese conditionals and the theory of conditionals. *Journal of East Asian Linguistics* 9: 1 - 54.

Chomsky, Noam (1995) *The minimalist program*. Cambridge, Massachusetts: The MIT Press.

Cole, Peter, Gabriella Hermon& Li-May Sung (1993) Feature percolation. *Journal of East Asian Linguistics* 2: 91-118.

Cole, Peter &GabriellaHermon(1994) Is There LF Wh-Movement ? *Linguistic Inquiry* 25: 239-262.

Cooper, Robin (1979) The Interpretation of Pronouns. In: F. Heny& H. Schnelle (eds.) *Syntax and Semantics* 10, 61-92. New York: Academic Press.

Cooper, Robin (1986) Swedish and the head-feature convention. In: Lars Hellan & Kirsti Koch Christensen (eds.) Topics in *Scandinavian Syntax*, 31-52.

Crain, Stephen&Qiong-PengLuo (2011) Identity and Definiteness in Chinese wh-conditionals. In: Reich, Ingo et al. (eds.), *Proceedings of Sinn & Bedeutung* 15:165 - 179. Saarbrücken: Universaar - Saarland University Press.

Culicover, Peter W. & Ray Jackendoff (1999) The View from the periphery: The English comparative correlative. *Linguistic Inquiry* 30: 543 - 571.

Doetjes, Jenny Sandra (1997) *Quantifiers and Selection: On Distribution of Quantifying Expressions in French, Dutch and English*. Doctoral dissertation, Leiden University.

E, Chen-chun (2014) *The syntax of comparative correlatives in Mandarin Chinese*. Doctoral dissertation, The University of Arizona.

Evans, Gareth (1980) Pronouns. *Linguistic Inquiry* 11: 337-362.

Geach, Thomas Peter (1962) *Reference and Generality: An Examination of Some Medieval and Modern Theories*. New York: Cornell University Press.

Heim, Irene Roswitha (1982)*The Semantics of Definite and Indefinite Noun Phrases*. Doctoral dissertation, University of Massachusetts, Amherst.

Huang, Anita Yahui (2008) Presuppositions in Chinese Bare Conditionals.In: Marjorie K.M. Chan & Hana Kang (eds).*Proceedings of the 20th North American Conference on Chinese Linguistics (NACCL-20)*Volume 2: 691-704. Columbus, Ohio: The Ohio State University.

Huang, Anita Yahui (2010) *On the form and meaning of Chinese Bare Conditionals: Not Just Whatever*. Doctoral dissertation,Texas University.

Huang, C.-T. James (1982) *Logical Relations in Chinese and the Theory of Grammar*. Doctoral dissertation, MIT Press.

Huang, C.-T. James (1989) Existential Sentences in Chinese and (In)definiteness. In: Eric J. Reuland & Alice G.B. ter Meulen (eds) *The Representation of (In) definiteness,*226-253. MIT Press.

Huang, C.-T. James, Y.-H. Audrey Li & Yafei Li (2009) *The syntax of Chinese*.Cambridge University Press.

Iwasaki, Eiichi & Andrew Radford (2009) Comparative correlatives in English: A cartographic analysis.*Essex Research Reports in Linguistics*57(6): 1 - 14.

Kratzer, Angelika (1989) Individual-level vs. Stage-level Predicates. In: E. Bach, A.Kratzer & B. Partee (eds), *Papers on Quantification,*University of Massachusetts, Amherst.

Lee, H. Thomas (1986) *Studies on Quantification in Chinese*. Doctoral Dissertation, University of California.

Lewis, David (1975) Adverbs of quantification. In: Edward L. Keenan (ed.) Formal *Semantics of Natural Language*: 3−15. Cambridge: Cambridge University Press.

Li, Y.−H. Audrey (1992) Indefinite Wh in Mandarin Chinese. *Journal of East Asian Linguistics* 1(2): 125−155.

Li, Charles N. & Sandra A. Thompson (1976) Subject and Topic: A New Typology of Language. In: Charles N. Li (ed), *Subject and Topic*,457−489.New York: Academic Press.

Li, Charles N. & Sandra A. Thompson (1981) *Mandarin Chinese: A Functional Reference Grammar*.Berkeley: University of California Press.

Lin, Jo−wang (1992) The syntax of zenmeyang "how" and weishenme "why" in Mandarin Chinese. *Journal of East Asian Linguistics*1: 293−331.

Lin, Jo−wang (2007) On the semantics of comparative correlatives in Mandarin Chinese. *Journal of Semantics* 24 (2): 169−213.

Lin, Jo−wang (2014) Wh−Expressions in Mandarin Chinese. In: Huang, C.−T. James, Y.−H. Audrey Li & Andrew Simpson (eds), *The Handbook of Chinese Linguistics*,180−207. Wiley Blackwell.

Liu, Luther Chen−Sheng (2008) The view from *yue:* Chinese comparative correlatives. *Lingua* 118: 1033−1063.

Luo, Qiong−Peng & StephenCrain (2011) Do Chinese *Wh*−conditionals Have Relatives in Other *Languages ?Language and Linguistics*12.4: 753−798.

McCawley, J.D. (1988) The comparative conditional construction in English, German and Chinese. *Proceedings of the 14th Annual Meeting of the Berkeley*

Linguistics:176—187.

Pan, Haihua& YanJiang (1997) NP Interpretation and Donkey Sentences in Chinese. In: *Proceedings of the Workshop on Interface Strategies in Chinese: Syntax and Semantics of Noun Phrases, Summer Institute of Linguistics of the Linguistic Society of America, Cornell University.*

Pan, Haihua & YanJiang (2015) The Bound Variable Hierarchy and Donkey Anaphora in Mandarin Chinese. *International Journal of Chinese Linguistics* 2:2, 159—192. John Benjamins Publishing Company.

Safir, Ken (1985)*Syntactic Chains.* Cambridge University Press.

Soh, Hooi Ling (2005) Wh—in situ in Mandarin Chinese. *Linguistic Inquiry* 38: 143—155.

Tai, H.—Y. James (1984) Verbs and Times in Chinese: Vendler's Four Categories. *Lexical Semantics*, Chicago Linguistic Society, 289—296.

Tsai, W.—T. Dylan (1994a)*On economizing A—bar dependencies.*Doctoral dissertation, MIT.

Tsai, W.—T. Dylan (1994b) On nominal islands and LF extractions in Chinese. *Natural Language and Linguistic Theory* 12, 121 - 175.

Tsai, W.—T. Dylan (1999) The hows of why and the whys of how. In: F.D. Gobbo & H. Hoshi (eds) *UCI Working Papers in Linguistics* 5, 155—184.

Tsai, Dylan Wei—Tien (2001) On subject specificity and theory of syntax—semantics Interface. *Journal of East Asian Linguistics* 10 (2): 129—168.

Wang, Chyan—an Arthur & Wu, Hsiao—hung Iris (2006) Sluicing and Focus Movement in Wh—in—situ Languages. Penn Working Papers in Linguistics12.1: 76—79.

Wu, Jianxin (1999) *Syntax and Semantics of Quantification in Chinese.*

Doctoral Dissertation, University of Maryland, College Park.

杉村博文（1992）「中国語疑問詞連鎖構文の研究」大阪外国語大学『言語の対照研究と語学教育』：79-95.

東寺祐亮（2015）『意味とスケール：度合が関わる表現の統語論』博士論文．九州大学．

上山あゆみ（2000）「日本語から見える「文法」の姿」『日本語学』4月臨時増刊号 (vol.19)：169-181, 明治書院．

上山あゆみ（2015）『統語意味論』名古屋大学出版会．

曹逢甫，蕭素英（2002）論漢語兩種關聯句式的語法與語意，*Language and Linguistics* 3(4): 811‐838.

何元建（2011）《现代汉语生成语法》，北京大学出版社．

黄南松（1994）试论短语自主成句所应具备的若干语法范畴，《中国语文》第 6 期,441-447.

孔令达（1994）影响汉语句子自足的语言形式，《中国语文》第 6 期，434-440.

刘丹青，徐烈炯（1998）《话题的结构与功能》，上海教育出版社．

刘小梅（1994）汉语数量词的语义分辨及进行式动词组中数量词的使用，《世界汉语教学》第 4 期，10-17.

刘月华等（2001）《实用现代汉语语法》，商务印书馆．

吕叔湘（1992）试论含有同一 [一 N] 两次出现前后呼应的句子的语义类型，《中国语文》第 4 期，241-243.

文卫平（2006）《英汉驴子句研究》，北京语言大学博士论文．

邢福义（1985）"越 X, 越 Y"句式，《中国语文》第 3 期,178-185.

邢福义（2001）"越 p 越 q"句式及其与转折句式的牵连，《汉语复句研究》第七章，378-395. 商务印书馆．

图书在版编目（CIP）数据

汉语关联复句的语义表达式与功能语的作用/张晨迪著.—上海：上海三联书店，2020.3
ISBN 978－7－5426－6945－2

Ⅰ.①汉…　Ⅱ.①张…　Ⅲ.①汉语—复句—研究
Ⅳ.①H146.3

中国版本图书馆CIP数据核字（2019）第292631号

汉语关联复句的语义表达式与功能语的作用

著　　者 / 张晨迪

责任编辑 / 董毓玭
特约编辑 / 张静乔
装帧设计 / 一本好书
监　　制 / 姚　军
责任校对 / 王凌霄

出版发行 / 上海三联书店
　　　　　（200030）中国上海市漕溪北路331号A座6楼
邮购电话 / 021-22895540
印　　刷 / 上海惠敦印务科技有限公司

版　　次 / 2020年3月第1版
印　　次 / 2020年3月第1次印刷
开　　本 / 710×1000　1/16
字　　数 / 250千字
印　　张 / 16
书　　号 / ISBN 978-7-5426-6945-2/H·87
定　　价 / 69.00元

敬启读者，如本书有印装质量问题，请与印刷厂联系021-63779028